밀알샘
자기경영 노트

밀알샘 자기경영 노트
성장하는 교사의 핵심 키워드 37가지

©김진수

초판 1쇄 인쇄 | 2022년 11월 17일
초판 1쇄 발행 | 2022년 12월 06일

지은이 | 김진수
발행인 | 이진호
편집 | 이승훈, 권지연
디자인 | 트리니티

펴낸곳 | 비비투(VIVI2)
주소 | 서울시 중구 수표로2길9 예림빌딩 402호
전화 | 대표 (02)517-2045
팩스 | (02)517-5125(주문)

이메일 | atfeel@hanmail.net
홈페이지 | https://blog.naver.com/feelwithcom
페이스북 | https://www.facebook.com/publisherjoy
출판등록 | 2006년 7월 8일

ISBN 979-11-92794-00-6(13370)

성장하는 교사의 핵심 키워드 37가지

밀알샘
자기경영 노트

김진수 지음

VIVI2

성장 키워드로 제안하는
라이프코칭

교육현장에서 끊임없는 성장과 꿈을 이어주며 즐거운 배움터를 만들어 온 김진수 선생님, 진주 같은 값진 교직 경험을 선생님들과 공유하고 소통하며 더불어 성장하기 위해 부단히 노력해 오고 있습니다. 진정한 자기경영은 자기 성찰에서 시작됩니다. 자기 성찰은 크고 작은 성장의 기쁨이 되고, 행복의 주춧돌이 됩니다.

그동안 자칫 잊기 쉬운 생각들을 한 땀 한 땀 정성 들여 수놓은 자수 같은 삶의 철학을 통해 선생님만의 지혜를 쏟아내고 있는 이 책은 '오늘'의 성장을 통해 '내일'의 행복을 찾아가는 소중한 미래를 설계하게 합니다. 37가지 성장 키워드는 더 많은 도전과 선택의 기회가 주어졌을 때 놀라운 능력을 발휘할 것입니다. 선생님들에게 방향을 잃지 않게 하는 나침반입니다. 교직 생활을 뛰어넘어 시시각각 우리 삶에 다가오는 고민과 갈등을 풀어주기도 하고, 마음에 얹힌 것을 시원하게 소통하게 하는 소화제일 것입니다. 모든 선생님에게 열정과 성찰을 통해 성장 레시피를 바로 찾도록 안내하는 저자만의 특별한 응원법입니다.

여명현 | 평택새빛초등학교 교장

가장 어두운 터널을 홀로 걷던 시절에 김진수 선생님을 처음 만났습니다. 우연히 여러 선생님과 함께하는 자리였고, 아무렇지 않게 숨김없이 자신의 삶을 꺼내 보내주더군요. 우울증으로 삶을 포기하기도 했다는 얘기가 선생님 입에서 흘러나올 때, 비로소 고개를 들어 선생님 얼굴을 바라봤습니다. 같은 터널을 다른 시기에 걸은 사람의 얼굴이 저렇구나. 나도 언젠가 저렇게 단단한 미소를 지을 수 있겠구나, 하고요. 내 삶을 내가 원하는 방식으로 가꾸어 나갈 수 있다는 걸 알고 나서, 저자가 그 쉽지 않았던 깨달음을 많은 곳에 퍼뜨리며 사는 걸 지켜봐 왔습니다. 처음엔 주변 사람들로 시작했고, 그다음에 그 우직함이 교실을 향했죠. 단순히 학업 성적을 어떻게 올릴까? 하는 문제가 아니었어요. 몇 년간 목격한 것은 많은 가능성을 가졌음에도 자신을 어떻게 성장시켜야 할지, 자신의 발목을 잡는 족쇄가 뭔지 알지 못하는 아이들에게 '라이프 코칭'을 하는 선생님의 모습이었습니다.

이 책은 37가지 키워드로 내 삶을 직조하는 방식을 보여주는 책입니다. '자존'에서 시작하여 '영향력'과 '인생'까지요. 스스로를 세우고 타인에게 기여하는 삶을 아이들이 배울 수 있을까요? 김진수 선생님의 따뜻한 교실에서 지금도 그런 어린 사람들이 자라나고 있는 걸요.

김여진 | 초등교사, 좋아서하는그림책연구회, 번역가, 『재잘재잘 그림책 읽는 시간』 저자

『밀알샘 자기경영 노트』는 제2의 피터 드러커를 꿈꾸는 교육계 대표 메신저이자 자기경영 동기부여가 김진수 선생님의 결정판! 하루에도 수십 번 흔들리는 교직 삶에서 더 나은 미래를 꿈꾸며 성장하고 싶은 교사라면 꼭 읽어야 할 기본서이다. 누구나 알지만 누구나 실천하지 못하는 저자의 성장 키워드들은 읽고 기록하고, 가르치고 배우는 저자의 일상이 어떻게 학생, 교사, 학부모에게 두루 영향을 미쳤는지 알게 한다. 그들을 또 다른 세상으로 기꺼이 안내하며, 혼돈의 시기였던 과거의 저자를 떠올리며 감동하게 한다. 많은 교사에게 성장의 씨앗을 꾸준히 아낌없이 나누는 그 선한 영향력이 어떻게 변화시켰는지 생생하다. 교사를 더 교사답게, 사람을 더 사람답게 하는 저자의 삶! 그가 제안하는 37가지 성장 키워드를 따라 빛나는 삶의 북극성을 만나기를 바란다.

배정화 | 중등교사, 『나는 혁신학교 교사입니다』 저자, 『배움의 시선』 공저자

누구나 나만의 고유한 스토리가 있습니다. 당신의 말 한마디, 사소한 행동 하나도 누군가에게는 힘과 용기가 될 수 있음을 느껴본 적이 있습니까? 특별하지 않다고 생각했을지 모를 내 삶도 어떤 이에

겐 회복과 희망과 도전의 불씨가 될 수 있습니다. 부끄러운 실수의 경험, 수치스러웠던 상처의 기억조차 위로와 자극이 될 수 있다고 용기를 준 분이 바로 밀알샘입니다. 덕분에 저만의 콘텐츠를 생산하며 치유와 성장을 전하는 또 한 명의 메신저로서 인생의 제2막을 열어 가는 많은 사람 중 한 명입니다.

이 책을 집어 든 당신 또한 준비된 메신저입니다. 성장하는 삶을 위한 '자기경영'이란 어떤 것인지 김진수 선생님의 삶을 가까이에서 보고, 듣고, 배울 수 있었던 기회는 제게 소중한 선물이었습니다. 그의 삶을 책에 고스란히 담았기에, 책을 읽으며 들리는 내면의 소리에 귀 기울이고, 그 소리를 따라 실천해 나가십시오. 삶의 터닝포인트가 되기에 충분한 책입니다.

최정윤 | 초등교사, 『엄마를 위한 미라클 모닝』의 저자

지금 행복한가? 어떤 삶을 살고 싶은가? 내가 원하는 대로 잘살고 있는가? 삶의 목표는 무엇인가? 이에 대한 답이 이 책에 있습니다. 밀알샘 김진수 선생님께서 "자기경영을 제대로 하면 학급경영, 수업경영을 넘어 인생경영까지 할 수 있습니다."라고 하셨습니다. 놀라지 않을 수 없습니다. 경영이라는 말을 내 삶에 접목하다니요. 신선하고도 근사한 발상입니다.

『밀알샘 자기경영 노트』, 이 책은 여러분의 삶을 변화시키기에 충분하고, 학생들, 학부모, 동료 교사들을 넘어 모든 사람에게 꿈과 희망

을 줄 것이라 확신합니다. 책을 읽는 내내 가슴이 뛰었습니다. 자기경
영에 성공하고 싶다면 밀알샘을 따라하시기 바랍니다. 인생경영에 성
공하고 싶다면 이 책을 펼쳐 보시기 바랍니다.

임서경 | 초록별연구소 대표, 동화작가, 『충분히 칭찬받을 만해』 저자

괄목상대(刮目相對), 『삼국지』에서 여몽이 노숙에게 했던 고사성어
이며 '선비란 사흘만 떨어져 있어도 눈을 비비며 다시 대해야 한다'는
뜻이다. 저자 김진수 선생님을 만나고 함께한 지 수 년이 지난 지금
『밀알샘 자기경영 노트』를 읽으면서 나 역시 괄목상대했다.

군 복무 중에 중대장님 책장을 보다가 처음 관심을 두게 된 자기경
영! 이후 학급운영을 위해서도 마음과 몸을 삶에서 바로 세워야 한다
는 것을 알고 실천해 왔고, 기록하고 나누고 다른 이들의 행복을 돕고
자 하는 삶이었다. 그 꿈을 이룬 후 지금은 또 다른 시간을 보내고 있
다. 이 책에 나온 사람들이 그랬던 것처럼 앞으로도 독서하고 글쓰면
서 살아갈 것이다. 37가지 키워드로 풀어내는 독서하고 실천하고 기
록하며 나누는 삶의 지혜, 이 책을 통해 우리는 누군가를 만나지만 결
국 자신을 만나게 될 것이다.

정유진 | 사람과교육연구소 대표

차례

책과 동행하는 기쁨,
삶이 변화되는 기쁨

꿈을 잃은 나이든 소녀들에게

꿈과 희망을 심어주는

당신은 우리의 마술사입니다

네모난 얼굴에 포근한 미소로

기타를 메고 노래를 부르며

안나라수마나라

안나라수마나라

오늘 밤도 소리 없이 찾아와

꿈을 잃은 나이 든 소녀들에게
마법을 부려 꿈과 희망을 안겨줍니다

우리 인생의 마술사
당신의 꿈도 이루어지길
나이 든 소녀들이 주문을 외웁니다

안나라수마나라
안나라수마나라. - 윤지은의 시 '안나라수마나라'

학부모님 13명과 함께 독서 모임 〈다독다독〉을 했습니다. '다독다독'은 책을 많이 읽고, 독서를 통해 나의 마음을 다독거려 준다는 의미입니다. 참여한 많은 분들이 책을 제대로 만난 어느 날, 삶이 변화되었다고 고백합니다. 책과 동행하는 기쁨입니다. 그들 중 '내일은 꽃구름'이라는 닉네임으로 활동하는 윤지은 님께서 제게 시 '안나라수마나라'를 선물하셨습니다.

시제 관련 내용을 찾아봅니다. 웹툰이 단행본을 넘어 연극, 드라마로도 제작된 로맨스 판타지였습니다. 꿈을 잃어버린 주인공이 마술사를 만나면서 예전의 꿈을 조금씩 깨달아 간다는 이야기, 안나라수마나라! 이 시를 선물 받고 잠시 눈을 감았습니다. 꿈 없이 지내던 삼십여 년의 삶을 따라가 봅니다.

〈다독다독〉, 학부모 독서 모임

선물받은 시, 안나라수마나라

"안나라수마나라!"

그러자 마법처럼 눈앞에 한 권의 책이 펼쳐졌고, 그 뒤에 따라온 독서가의 삶은 또 다른 꿈으로 인도했습니다. 책 속에 책이 있듯이 꿈속에 꿈이 있음을 비로소 알게 되었습니다. 참으로 과분하게 시를 선물 받았습니다. 기분이 좋습니다. 감사의 의미로 책과 동행하는 삶의 기쁨을 선물합니다.

독서를 시작하면서 이어진 선물이 많습니다. 기록의 삶, 글쓰기의 삶, 더 나아가 책 쓰기의 삶. 이를 토대로 이렇게 글로 전하는 메신저의 삶으로 확장하기까지 성장하는 기쁨을 마음껏 누렸습니다. 맞습니다. 어제보다 조금 더 나은 오늘을 살아가니 기쁨이 저절로 따라옵니다. 소비되던 에너지가 생산적인 에너지로 바뀌면서 저의 삶은 우상향을 그리기 시작했습니다. 마인드는 나날이 탄탄해졌고, 이 에너지는 가족력을 키우고, 교실에 선한 영향력을 나눌 힘이 되었습니다.

제 삶의 하루는 단순합니다. 책을 읽고, 기록하고, 글쓰는 삶. 이런 삶이 누적되어 또 다른 책으로 탄생이 되고 이에 대한 것을 나누니 또 다른 이가 다른 형태의 생산자로 살아갑니다. 꿈쟁이가 점점 많아집니다. 함께 성장합니다. 함께 기뻐합니다. 잔잔한 호숫가에 돌을 하나 던지니 동심원이 퍼지듯 영향력이 그렇게 주변을 열어 가는 힘이 됩니다.

이 책에서 제시한 37가지 키워드는 18년 동안 교직에 몸담으면서 성장시켜준 단어들입니다. 서로 다른 영역의 단어 같지만, '자기 경영'이라는 하나의 의미로 서로 조합되고 연결이 됩니다.

　PART 1. '자기 성찰은 자기경영의 첫걸음'에서는 13가지 키워드가 나옵니다. 자존, 꿈, 믿음, 가능성, 성공, 시간, 습관, 감사, 생각, 본보기, 일상, 배움, 공부. 첫 장 키워드들에 대해 가장 많이 고민했습니다. 아무리 생각해도 가장 중요했습니다. 자존! 자기경영의 핵심은 자존과 밀접한 관련이 있습니다. 이것을 바로 확립하느냐 못하느냐는 교직 이외의 다른 직업에 있었어도 중요한 명제일 것입니다. 우리나라 교육은 '자존'에 대한 피상적으로 다뤄집니다. 나는 누구인가? 어떤 사람이 되고 싶은가? 등 내면의 자아와 끊임없는 대화해야만 알 수 있는 질문조차 할 여유가 없이 흘러갑니다. 이 글을 쓰는 저조차 나를 향한 질문을 30대 중반에 비로소 했으니까요. 그런 의미에서 '자존'은 반드시 만나야 할 대상입니다.

　PART 2. '밀알샘, 성장하는 교사는 누구인가요?'에서는 13가지 키워드인 태도, 독서, 기록, 관점, 관찰, 통찰, 글쓰기, 소통, 관계, 실천, 시각화, 문제해결, 도전을 만날 수 있습니다. 알파벳 A에 1점, B에 2점, C에 3점… Z에 26점까지 부여하면 100점이 나오는 단어가 바로 Attitude(태도)입니다. 삶에 대한 태도가 성장하는 삶으로 이어집니다. 각각의 키워드가 태도를 더욱 확고히 다질 수 있는 힌트가 될 것입니다.

　PART 3. '교사, 메신저가 되라'에서는 11가지 키워드를 만납니다. 생산자를 시작으로, 확장, 부캐, 실패, 시작, 열정, 선택, 기회, 감성, 함께, 영향력, 인생입니다. 이 장에서는 '생산성'에 주목했습니다. 소비자 시각에서 생산자 시각으로 관점이 바뀐다면 누구나 자신의 인생은 물론 타인의 인생에 도움이 되는 메신저가 될 수 있습니다.

'자존'에서 시작되어 '인생'이란 키워드까지 37가지 이야기는 저의 주요 키워드입니다. 이 책을 덮었을 때 한 문장만 남아도 책의 소임을 다했다고 생각합니다. 나의 한 단어는 무엇인가? 이 질문이 자신에게 향했을 때 비로소 현실이 됩니다. 안나라수마나라!

함께 성장하길 꿈꾸는 밀알샘, 김진수

PART 1

자기 성찰은
자기경영의 첫걸음

SELF MANAGEMENT

자존

꿈

믿음

가능성

성공

시간

습관

감사

생각

본보기

일상

배움

공부

★ keyword 1 자존

나에 대한 긍정 포인트

교직 경력이 어느덧 18년차, 지금은 학급이 많이 안정되었지만 이렇게 운영된 지 얼마 지나지 않았다. 11년차가 될 때까지 이렇다 할 학급 문화가 없었다. 12년차부터 제대로 학급을 운영해 보자고 마음먹고 일 년 동안 최선을 다하자, 어느 정도 자신이 생겼고, 누군가에게 나눌 수 있는 에너지가 생겼다.

그래서일까? 학급운영을 '학급경영'이라고도 표현한다. 그만큼 CEO 마인드로 회사(교실)가 이윤을 잘 남기도록(안정적으로 운영되도록) 맡은 바 임무를 다하고(아이들의 재능을 최대한 살리고), 내실이 튼튼하게

(행복한 웃음이 가득하도록) 하려고 큰 노력을 기울였다. 이것이 가능했던 이유는 단 하나, 내 삶이 안정되었던 것이다. 자기경영에 대한 확신이 생기면서 그 에너지가 학급으로 전이될 수 있었다.

자기경영은 영어로 Self management로 표현한다. 주체적인 의미가 내포된 Self와 규모를 정하고 기초를 세워 일을 해 나가는 확장성의 의미를 지닌 Management가 조합된 단어이다. 주체적으로 자신을 창조적으로 발전시켜 나가는 일련의 과정이다. 나에 대한 긍정 포인트 지점을 찾아 학급경영을 시작하면서 느낌이 전과 달랐다. 변화의 주체를 외부가 아닌 내부에서 찾은 관점의 이동이 주요했다.

주변을 본다. 많은 교사가 힘들어한다. 왜? 저마다 지닌 능력이 충분한데도 뭔가 부족하다고 여긴다. 왜 그럴까? 어떻게 하면 좋은 에너지로 바꿀 수 있을까? 내가 찾은 답은 하나다. 자기경영! 자기경영을 어떻게 하면 좋을까?

2017년부터 꾸준히 교사 성장모임을 운영했다. 거창하지 않다. 함께 책을 읽고, 기록하고, 글쓰고, 나누고, 더 나아가 책 쓰기까지! 자신을 한 단계 더 성장할 수 있는, 쉽지는 않지만, 그것을 내 삶에 초대하는 순간 성장한다는 느낌이 들게 하는 것들을 함께 훈련한다.

"자기경영을 제대로 하면 학급경영, 수업경영을 넘어 인생경영까지 할 수 있습니다." 이렇게 전하는 첫 시간 첫마디에 웃는 분도 있었다. 몇 달 뒤 자신과 싸움에서 이긴 분은 놀랍게도 삶이 변해 있었다. 나 자신이 바뀌니 교실 바뀜은 덤이었다.

자신을 극복하는 일이 가장 **빠르고** 가장 가치 있는 승리라고 플라톤(Platon)이 이야기하지 않던가. 그렇다. 다양한 교육의 패러다임이 빠르게 변해도 중심만 잘 잡고 있다면 크게 흔들리지 않는다. 자기경영이 그 어떤 것보다 중요한 이유다. '자기경영' 하면 떠오르는 인물이 있다. 저자 피터 드러커, 공병호, 김승호. 이들은 하나같이 유행에 휘둘리지 말고 본질을 보자고 외친다.

그들이 말하는 본질은 다음과 같다. 관점, 리더십, 우선순위, 열정, 목표, 시간, 습관, 문제해결, 도전, 성장, 용기, 성실, 용서, 창조, 자유 등 하나같이 버릴 수 없는 키워드들이다. 관련 단어들을 내 삶에 적용하기 시작하면서 서서히 스스로 세워 나가는 '자존'을 만날 수 있었다. 그렇게 하나씩 만나면 된다. 지난 삶을 되돌아보면 이 모든 것이 나를 지탱해 준 무기들이었다.

미국 소설가 제임스 엘로이(James Ellroy)는 이렇게 표현한다. '고양이는 무엇인가를 할퀴어야 하고 개는 무엇인가를 물어뜯어야 한다. 나는 글을 써야만 한다.' 그의 글을 읽고 나 역시 펜을 들었다.

나는 독서를 해야만 한다.
나는 기록을 해야만 한다.
나는 생각을 해야만 한다.
나는 글을 써야만 한다.
나는 책을 써야만 한다.

나는 이 모든 것들을 나누는 메신저다.

이렇게 적어 잘 보이는 곳에 붙여 놓았다. 오늘도 적은 대로 실천하며 나 자신을 만나는 중이다. 당신을 표현하는 한 문장은 무엇인가? 자기경영의 첫발은 이 지점에서 시작된다. 책 속에 제시된 37가지 키워드를 통해 자신과 깊이 만나는 여행을 떠나 보자.

★ keyword 2 꿈

어떤 삶을 살고 싶은가?

한 소년이 있었다. 그 소년은 자신의 처지에 대하여 부정적인 사고로 물들어 있던 친구였다. 어린 나이임에도 불구하고 사는 것이 만만치 않다는 것을 어린 시절부터 알게 되었다. 소년이 중학교 2학년이 되었을 때 누나가 가출하고, 고등학교 2학년 때는 부모님이 이혼하는 등 가족이 흔들리기도 했던 친구!

그 친구에게는 어떤 꿈이 있었을까? 목표는 하나였다. 돈을 빨리 벌고 싶다! 성인이 된 뒤에도 다양한 시도를 한다. 일단 주위를 보니 사람들이 주식 투자를 통해 돈을 벌고 있다는 것을 알게 되었다. 무작정 투자를 한다. 빨리 벌고 싶은 마음에 주식 종목을 알려주는 유료 리딩방에도 수백만 원을 주고 가입도 해보았다. 결과는 수천만 원을 잃고 자신의 삶을 한탄한다. 단지 운이 나빴을 뿐이라며 합리화를 한 것이 전부였다.

하루라도 빨리 돈을 벌고 싶었다. 또 다른 시도를 한다. 우연히 인터넷을 통해 '재테크', '부업' 등을 검색하니 돈을 빨리 벌어준다는 곳을 알게 된다. SNS를 통해 네트워크 사업을 알게 된 것이다. SNS상에 포스팅하고 물건을 팔면 돈을 받는 형식이었다. 잘하면 일을 하지 않아도 돈이 그대로 불어나는 시스템이었다. 나중에 알게 된 것, 그것은 전형적인 다단계였다. 결국 시간과 돈, 더 나아가 관계도 날리게 된다.

헛된 꿈을 꾸고 있다는 것을 뒤늦게 깨달았다. 어떤 삶을 살고 싶은가? 그 친구는 진지하게 고민했다. 30대가 되어 책을 만나면서 꿈이라는 것이 무엇인지 스스로 물어보기 시작한 것이다. 엉뚱한 질문이 아닌 삶을 가치 있게 만드는 진지한 질문을 하니 자신 안에 잠자고 있던 무언가가 깨어난 느낌이었다.

이런 생각도 하게 되었다. 나는 어떤 사람으로 기억되고 싶은가? 그저 돈을 많이 버는 것으로만 끝나고 싶지 않은 인생이고 싶었다. 처음에 비해 대견한 느낌이었고, 그때 만난 키워드가 '영향력'이었다.

영향력 있는 사람이 되기 위해서는 관심 분야가 있어야만 했다. 당시 독서에 있어서만큼은 영향력을 발휘하고 싶다는 생각을 하면서 영향력 있으려면 나부터 떳떳해야 하므로 열심히 책을 읽고 관련 내용을 정리하며 조금씩 삶에 적용했다.

놀랍게도 삶에 대한 자신감이 생기기 시작했다. 서서히 다양한 목표도 생기고, 꿈, 비전을 만난다. '나, 김진수는 독서와 글쓰기로 삶을 변화시키고, 꾸준한 성장력을 통해 선한 영향력을 줄 수 있는 사람이 되자.'라고 다짐하고, 구체적인 비전을 꿈꾸었다.

1. 성인 연평균 100권 독서를 할 수 있는 국가를 만든다.
2. 매년 만나는 30명의 학생에게 사랑하는 마음의 본보기로서 독서와 글쓰기를 보여준다.
3. 삶의 관심 분야를 토대로 책을 쓸 수 있도록 조력자가 된다.

그렇다. 앞서 말한 소년 이야기는 이 글을 쓰고 있는 나다. 하나의 꿈이 생기고 그것을 이뤄 가며, 꿈 너머 꿈을 꾸는 삶을 살아가면서 꿈쟁이가 될 수 있었다. 어떤 꿈을 갖고 있는가? 어떤 삶으로 살아가길 바라는가? 그 물음에 대한 답을 찾아가는 과정에서 앞으로 나아가야 할 방향을 발견할 수 있었다. 목적지가 있고 없고는 큰 차이가 있다는 사실을 명심하라. 원의 정중앙에서 출발하여 1도만 방향이 달라도 갈수록 그 틈새가 벌어진다.

학창시절 막연히 공부만 했다. 특별한 목표가 없었다. 그저 공부 잘하고 점수가 잘 나오면 좋은 대학을 갈 것이고, 그 이후의 삶은 알아서 될 거라는 안일한 마음으로 살았다. 점수를 위한 공부만 했으니 대학생이 되어서는 자동으로 공부를 놓았다. 모든 사람이 이런 마음으로 공부를 하는 것은 아니지만 나는 그랬다. 목적이 대학교에 가는 것이었으니 대학을 간 순간 모든 것들을 놓아 버렸다.

딱히 진로를 생각해본 적도 없었다. 점수에 맞춰 간 대학이 감사하게도 교육대학이었고, 졸업 후 임용고시에 합격하면서 초등교사가 될 수 있었다. 당시 상황이 내게 유리했는데, 정년 임기가 기존 65세에서 62세로 줄어들면서 초등교사 TO가 일시적으로 한참 부족했던 시절이었다. 지금과는 달라서 임용고시도 쉽게 합격할 수 있었다.

그렇게 문이 활짝 열린 상태에서 교사가 되었고, 꿈을 이룬 것이라고 착각했다. 내 꿈이 아닌, 남들에게 꿈을 이룬 사람이 되었던 것이다. 일정한 급여가 또박또박 나오니 기분이 좋았다. 벌어들이는 소득이 있었기에 적당히 과소비도 했다. 카드를 긁어 가며 먹고 싶고 사고 싶은 것을 마음껏 사들였다.

여기까지만 해도 배부른 소리처럼 들릴 수 있겠다. 하지만 알게 모르게 서서히 지쳐 가고 있었다. 공무원이었기에 특별히 노후 걱정을 할 필요성도 느끼지 못했던 나는 그저 '나중에 어떻게 되겠지'라는 태도로 하루하루 살아갈 뿐이었다.

삶이 재미없었다! 내가 진정 원하는 삶이 무엇이고, 어디로 가야 하는지 전혀 알지 못했다. 퇴근 후에는 당시 빠져 있던 주식 창을 띄어놓고 무의미한 경제 TV에서 나오는 종목 분석에 혈안이 되었으며, 대부분의 시간을 만화책 읽기, 영화, 애니메이션, 미드(미국 드라마), 한드(한국 드라마)를 보는 것이 낙이었다. 무의미한 시간이 흘러갔다.

그렇게 무기력해지고 점점 나태해지는 순간, 저 멀리 나를 끌어당기는 한 줄기 빛이 있었다. 그것은 책이었고, 꾸준히 읽다 보니 또다시 끌어당기는 것은 '꿈'이라는 낱말이었다. 드디어 서른두 살이 되어서 꿈을 만날 수 있었다. 그 뒤에 꿈 너머 꿈을 꾸면서 지금의 여정을 마음껏 누리고 있다.

꿈을 꾸어라! 너무 식상하게 들린다. 맞다. 나도 그런 느낌으로 읽었다. 그런데 막상 꿈을 이뤄 가는 삶을 살다 보니 그 문장을 가슴에 깊이 새기고 있느냐 없느냐에 따라 삶의 질에 큰 차이를 가져다준다. 혹시 주변에 꿈을 이룬 사람이 있는가? 아쉽게도 나는 본 적도 만난 적도 없었다. 그래서 싫증나게 들린다는 것을 비로소 깨닫게 되었다.

어느 순간부터 꿈을 이룬 사람들의 이야기를 책에서 만나고, 그런 사람들을 실제로 만나면서 꿈을 꾸라는 말은 중요한 삶의 명제임을 알게 되었다. 꿈을 이룬 사람은 우리가 꾸는 꿈을 적극적으로 지지하며 응원하는 반면, 꿈을 이루지 못한 사람은 꿈은 아무나 꾸는 것이 아니라고, 우리같이 평범한 사람에게는 사치라며 꿈을 하찮게 여기고 비웃기까지 한다는 사실을 아는가?

나는 결심했다, 꿈을 이룬 사람들의 말에 귀 기울이기로. 그래서 성공자들의 책을 읽기 시작한 것이다. 이런 책들이다. 나폴레온 힐의 『놓치고 싶지 않은 나의 꿈 나의 인생』, 팀 페리스 『나는 4시간만 일한다』, 유근용 『1일 1행의 기적』, 김승호 『생각의 비밀』 등 성공한 사람의 이야기가 담겨 있는 자서전, 평전, 위인전 등이었고, 『나는 오늘도 경제적 자유를 꿈꾼다』에 나온 추천도서 100권, 『월급쟁이 부자들』에서 제공하는 추천도서 등이다. 포털사이트에 검색어 '성공자 독서'를 입력하면 자세히 나와 있었다.

이미 독서로 가치관을 정립한 저자의 추천도서를 따라 읽기만 해도 자신의 길을 찾아 걷기가 쉬워지고, 그러다 보면 자신과 연결이 잘 되는 저자를 만날 수 있다. 이제 책을 깊이 읽어 가면서 책 속의 책을 따라가면 된다. 한 권의 책 속에 수백 권의 책이 존재한다.

어떤가? 우리가 귀를 기울여야 할 사람들이 많지 않은가? 책을 통한 간접적인 만남도 있지만 당신이 원하면 저자를 만날 수도 있다. 어떻게? 만나고 싶은 저자의 책 앞쪽이나 뒤쪽에 대부분 메일 주소가 있다. 책을 읽고 느낀 점, 만나고 싶은 이유, 하고 싶은 말을 정성을 다해 쓰고 메일을 보낸다.

나는 메일함을 자주 열어 본다. 독자 편지가 오지 않았는지, 강의 요청이 있는지 등 주요 메일 여부를 확인한다. 이렇듯 편지를 쓰면 저자를 직접 만날 기회를 얻을 수 있다. 독자를 마다하는 저자는 없다. 궁금하면 만나고 싶은 저자의 책을 펼쳐 메일을 찾아 보내 보라.

★ **keyword 3 믿음**

할 수 있다는 믿음

2020년, 코비드 상황에 놓인 학교는 전혀 생각지도 못한 뒤숭숭한 분위기였다. 평소에는 3월 2일에 새 학년을 맞이하는 들뜬 분위기로 교실에 아이들이 북적북적해야 했음에도 불구하고, 교실에는 나 혼자였다. 교육부나 교육청조차 대응하기가 어려워 개학은 일정 없는 기약처럼 뒤로 밀리고 있었다.

아이들은 등교하지 못한 상황에서 어떻게 해야 할까? 나의 강점은 문제 앞에 불평하기보다 인정하고 할 일이 무엇인지를 찾아서 실천한다는 데 있다. 아이들이 등교를 못한다? 내가 할 일을 하나씩 적는 것부터 시작했다.

- 학급 밴드를 만들어 소통할 수 있다.
- 교과 진도보다 아이들에게 미션을 부여하여 할 수 있는 것들을 제시한다.
- 아이들의 과제를 함께 보면서 공유할 수 있는 플랫폼이있으면 좋다.
- 영상 자료를 활용하여 언제든지 다시 볼 수 있게 한다.
- 가능하면 교사인 내가 직접 등장하도록 제작하면 좋다.
- 실시간 댓글로 피드백을 할 수 있다.
- 서로 얼굴을 보거나 음성으로 나누는 프로그램(추후 쌍방향 수업 도입)을 찾는다.

하늘이 무너져도 솟아날 구멍이 있다고 하지 않던가. 적다 보니 나름 할 수 있는 것들이 많았다. 즉시 실행했다. 기존에 하던 대로 학급 밴드를 만들고, 아이들과 소통하기 위한 자세를 취했다. 비록 함께 만나지는 못하지만, SNS를 통해 소통할 수 있으니 이 상황에서 취할 수 있는 최선의 선택이었다. 거창하게 출발한 것은 아니었다. 첫날에는 관심 분야가 무엇인지, 핵심 미션을 하나씩 부여했고, 아이들은 아직 담임 교사인 나와 직접적으로 만나진 못했지만 온라인으로 소통하는 것이 신기한 듯 아이들은 잘 응답해 주었다. 자신이 맡은 바 과제들을 묵묵히 수행했다.

구분	핵심 미션
1일차	나의 관심 분야
2일차	손바닥 다짐 만들기
3일차	힘내라 대한민국 메세지
4일차	내가 듣고 싶은 말
5일차	5학년에 대한 시 짓기
6일차	나와 닮은 동물 소개하기
7일차	나의 애장품 소개하기
8일차	올해 하고 싶은 것 세 가지
9일차	하트 만들기 미션

천천히 미션을 하나씩 더 넓혀 갔다. 핵심미션, 오늘의 영상, 30분 독서, 좋은 문장 적기, 5분 청소, To do list 등 집에서도 아이들이 생산적인 시간을 가질 수 있도록 안내자 역할을 했다.

내가 주목한 것은 학교에서 아이들이 좋은 습관 만들기를 훈련하듯 집에서도 충분히 가능하겠다는 생각으로 접근했다. 마침 우리 학교가 '원격수업 시범학교'였기에 주도적으로 관련 영상을 만들어 보급하기 시작했다.

한 달이 지났을까. 교육청(학교)에서 온라인 개학을 준비하게 되었고, 우리 학교는 일주일 먼저 시범운영하는 학교로 선정되었다. 준비하는 도중에 어떻게 원격수업을 해야 할지 길잡이가 없어서, 장자의 길은 내가 만든다는 도행지이성(道行之而成) 정신으로 자료에 의지하기보다 하나씩 발로 뛰어 추진해 나갔다.

가장 중요하게 도입한 것은 쌍방향 원격수업이었다. 그저 과제를 내고 그것을 확인하는 일차원적인 수업 방향을 넘어 서로 얼굴을 마주 보고 호흡해야 교육이 이뤄진다는 것을 중요하게 여겼기에 쌍방향 소통을 바로 도입했다. 도입하기 전 충분히 연습을 했다.

내가 먼저 관련 프로그램을 연습하고, 시뮬레이션을 통해 선생님들이 바로 활용할 수 있도록 영상을 만들었다. 나 역시 쌍방향 소통 수업이 처음이어서 낯설었지만 이미 유튜브에는 관련 동영상이 많이 있었다. 다양한 영상을 통해 하루종일 꼬박 연구하고, 다음날 PC, 노트북, 태블릿, 핸드폰 등을 활용하여 실습하는 과정을 거쳤다.

그때까지 선생님만을 위한 쌍방향 원격수업 영상이 존재하지 않을 때였다. 연구 결과를 토대로 선생님만을 위한 활용 영상을 찍고 편집해서 완성했다. 영상을 공유하자마자 조회 후 폭발은 덤이었다.

이것을 만든 이유는 우리 학교 선생님들에게 연수해야 하는데, 한 번 듣고 바로 이해할 수 있는 정도가 아니어서 노동력을 최소화하기 위한 작업이었다. 결국 이 과정에서 가장 수혜를 입은 사람은 바로 나였다. 저절로 관련 기능을 습득할 수 있었다.

그즈음 예전 학교에서 함께한 선생님께서 사진과 메시지를 보내셨다. "부장님, 지금 선생님 모습이 우리 학교 방송에서 나오고 있다는!" 보람을 느끼는 순간이었다. 그 뒤로 시범 원격수업을 운영하면서 선생님께서 활용하면 좋은 버전으로 2탄, 3탄, 4탄까지 보급했다.

방송부 업무를 맡았던 2007년, 그때 익혔던 영상편집 기술이 도움이 되었다. 스티브 잡스가 말한 '과거의 찍은 점들이 연결'되고 있었다. 이런 순간이 참으로 감사했다. 헛된 경험이 전혀 없다는 것을 다시 한번 실감했다.

내가 만약 위에서 내려오는 지시를 그저 기다리고만 있었다면, 사과나무에서 사과가 떨어지기만을 기다리고 있었다면, 비대면으로 어려움을 겪는 교육에 불만만 가득 차 무언가를 시도조차 하지 않았다면 어땠을까? 나에겐 모든 것이 교육이고, 모든 것이 배움이었다.

아이들에게 그 상황을 이렇게 묘사하였다.

"우리 친구들, 요즘 쉽지 않은 일정이에요. 이 상황은 아무도 예상치 못했어요. 하지만 인간은 상황에 따라 분명히 적응을 잘한답니다. 이번에도 잘 극복하리라 생각해요. 선생님은 이렇게 생각합니다. 스마트교육을 깊이 있게 공부하는 계기가 된다고 여겨요. 미래에 다가올 일이라고만 생각했는데, 예상보다 빨리 우리가 만날 화상 수업을 앞당겼다고 보면 됩니다. 이렇게라도 여러분의 얼굴을 보고 음성을 들을 수 있으니 얼마나 감사한지 몰라요."

우린 충분히 해낼 수 있다는 믿음으로 차근차근 준비했다.

쌍방향 원격수업

당시 정보부장 선생님의 발 빠른 대처가 빛을 발했다. 우리 학교가 쌍방향 원격수업을 추진할 때 필요한 장비 일체를 준비하여 제공해 줬기 때문이다. 수업용 마이크, 웹캠, 실물 화상기, 듀얼 모니터, 동영상 녹화 프로그램(곰캠 구입), 핀 마이크(휴대폰 녹음 용도), 핸드폰 거치대(수업 촬영 용도), 영상편집 프로그램 등 많은 예산을 원격수업에 즉각 대처하여 운영하였다. 내가 어떤 것이 필요하다고 이야기함과 동시에 구매와 보급이 이뤄져서 큰 타격 없이 등교수업 하듯 원격수업을 진행할 수 있었다.

교사 교육 효과

이제 아이들에게 어떻게 원격수업을 도입할지 함께 고민할 시간이었다. 고려해야 할 사항들을 살펴보았다. 전체 수업 방법을 통일할 필요성이 있을까? 아니다. 학년에 맞게 운영하면 된다. 꼭 쌍방향만이 정답일까? 아니다. 과제, 콘텐츠 제공을 쌍방향과 조합하여 제공하면 될 것이다. 조례, 종례는 어떻게 하면 좋을까? 적어도 시작과 끝은 아이들의 얼굴을 보면서 소통하는 것이 중요하다. 그때는 쌍방향을 할 수 있도록 해야 한다.

선생님들이 쌍방향 수업은 어떻게 연수하면 좋을까? 공동연수를 진행하고, 연수와 관련된 것을 영상으로 편집하여 개인 스스로 습득할 수 있도록 했다. 영상으로 녹화하여 제공하자, 각자의 속도대로 프로그램을 자신의 것으로 만들 수 있는 장점이 있었다.

초반에는 어떻게 운영하면 좋을까? 조례, 종례는 담임 선생님이 운영하고, 최소 하루 한두 시간은 쌍방향 수업으로 학년 통합 수업을 하기로 했다. 아직 선생님들도 낯설어서 집단 지성의 힘을 발휘할 수 있도록 시간을 벌 수 있는 효과가 있었다.

그 외에도 다양한 생각이 꼬리에 꼬리를 묻고 답하기를 했다. 중요한 것은 '~ 때문에 못한다'의 접근이 아닌 '그럼에도 불구하고 ~ 할 수 있다'의 시선으로 접근했다. 결국 우리는 할 수 있었다. 지역 교육장을 비롯하여 많은 학교에서 우리 학교 원격수업 형태를 배우기 위해 참관한 것은 어찌 보면 우리가 모두 할 수 있다는 마음에서 비롯된 것이다.

학부모와의 소통
학생도 교사도 당황스럽기는 마찬가지이나 학부모의 걱정은 그

배가 된다. 아이들의 등교가 들쭉날쭉해서 예전에 비해 생활지도가 어려웠고, 그 어려움이 고스란히 가정으로 전이되었다. 먼저 학부모에게 학교 교육이 어떻게 흘러갈 것인지, 가정에서 어떤 준비를 하면 좋을지 이해할 수 있는 안내가 필요했다.

가정통신문? 그것도 좋지만, 그것만으로는 부족하다. 우리 학교는 먼저 어떤 일을 추진할 때 네이버 폼을 활용하여 학부모에게 궁금한 점이 무엇인지 묻는다. 그것을 유목화하여 질문 하나하나 해소하고자 했다.

어떻게 해소할 것인가? 학부모 실시간 연수를 계획했다. 유튜브 라이브와 쌍방향 플랫폼을 통해 방과 후에 1차 연수를 하고, 직장인 부모님들을 위해 저녁 학부모 연수를 운영하였다. 이때 참여가 어려운 분들을 위해 관련 내용을 영상으로 제작하여 3차에 걸쳐 연수를 진행하자, 어느 정도 학부모 이해력이 발휘되었다.

팬데믹으로 인해 전대미문의 교육 발판이 마련되었다. 이렇게라도 할 수 있으니 얼마나 감사한 일인가. 위기는 곧 기회였다. 문제가 있으면 우리가 할 수 있는 것을 찾아 하나씩 하다 보면 해결되는 지점이 있다. 한 걸음 내딛는 힘, 곧 용기가 된다.

이런 과정을 거쳐 학생 중심의 원격수업이 진행되었다. 결국 『경기 우리집 온라인 클래스 운영 사례집』에 '인프라 구축교 온라인 학급 관리 운영'에 대한 사례 글이 실렸고, 중부일보, 평택시 시사신문, 평

경기도교육청 주관 온라인 수업 우수 사례 학교 이야기가 실린 사례집

택시민신문 등 우리 학교의 수업 운영 형태에 관한 기사가 실리기도
했다.

우여곡절이 있었지만 중요한 것은 문제해결을 위해 구성원들이
똘똘 뭉쳐서 해 나갔다는 점이다. 이것을 통해 나는 한 가지를 알게
되었다, 한마음 한뜻으로 함께하면 못할 것이 없다는 것을. 정주영 회
장이 이야기했듯이 "임자, 해봤어?"라는 마인드를 갖고 할 수 있다는
시각으로 접근해 보자. 할 수 있다는 믿음 하나면 뭐든지 가능하다.

★ keyword 4 가능성

오락실에서 발견한 가능성

한 친구가 있었다. 어렸을 때부터 친구들에게, 주변 사람에게 놀림을 당하곤 했는데, 그의 아이큐 검사 결과가 73이었기 때문이었다. 선생님을 비롯하여 많은 친구가 '바보'라고 놀렸고, 그날 이후 무려 17년 동안 바보가 되어 살아간다. 숫자가 자신의 현 위치를 말해 주니 변명할 여지가 없었다.

그러던 어느 날 지나가던 도로 위 전광판 글자들을 보게 된 그는 무언가 메시지가 숨겨 있는 것 같아서 이리저리 살펴보다가 결국 수수께끼를 풀게 된다. 그 뒤로 17년 동안 바보로 산 삶과는 달리 아이큐 173의 천재로 살아간다. 담임 선생님의 편견으로 173이란 아이큐 결과에서 1을 지워 73이 되었고, 자신의 진가를 몰랐던 천재 빅터의 이야기! 국제멘사협회 회장을 지낸 세리브리아코프, 천재 빅터의 이야기였다.[1]

이 이야기를 통해 나를 바라보는 관점을 달리하기 시작했다. 아니, 다른 사람 모두를 다르게 보기 시작했다. 그때부터 '가능성'이란 단어에 집중했다. 누구에게나 있는 가능성을 말이다. 나에게도 있을 1이란 숫자를 나 스스로 지워버리지 않았는지 깊이 바라보았다.

---

1) 『바보 빅터』 호아킴 데 포사다, 레이먼드 조, 전지은 옮김, 한국경제신문사, 참조

당신은 자신의 가능성을 얼마나 믿고 있는가? 믿는 크기만큼 당신의 미래가 결정된다면? 어떻게 자신을 바라보겠는가? 많은 사람이 손가락질하고 '나'를 무시해도 절대로 자기 자신이 반드시 믿어야 할 것이 바로 '가능성'이란 친구다.

교직 18년 동안 아이들에게 전하고자 했던 키워드는 가능성이었다. 자신의 가능성을 믿고 한 걸음씩 내딛는 용기를 주고 싶었다. 가능성만 제대로 만난다면 누구에게나 좋은 기회는 오기 마련이다.

이렇게 자신 있게 말하는 나조차 이 생각을 하기까지 오랜 시간이 흘렀다. 삼십 대 중반이 되어서야 비로소 깨달았다. 그동안 다양한 경험을 하면서 이 사고를 깰 수 있었다. 그사이 무슨 일이 있었던 것일까? 이 책을 통해 당신은 자신의 가능성이 얼마나 큰지를 발견하게 될 것이다. 누누이 이야기하지만, 발명이 아닌 발견이다. 이미 가진 힘을 발견하고 끌어내기만 하면 되기 때문이다.

어린 시절의 나에게 가능성이라고는 눈곱만큼도 찾기 어려웠다. 나 스스로 울타리를 강하게 치고 있었고, 40명이 되는 교실 속에서 있으나 없으나 한 존재였다. 선생님에게 칭찬받았던 몇몇 일들은 손꼽을 정도였다.

초등학교 2학년 때는 1학기와는 달리 싸움을 덜한다고 해서 담임 선생님께서 "우리 진수가 착해졌어요."라고 했고, 초등학교 3학년 때는 대걸레질을 잘한다고 했다(그때 당시 이 칭찬을 받고 얼마나 기뻤는지 모른다). 초등학교 5학년 때는 재밌고 착하다 정도. 이 세 가지 외에 생각 나지 않는 것을 보니 존재감이 없다고 말하는 편이 맞을 것이다.

아이러니하게도 나에게 가능성을 느끼게 해준 곳은 딱 한 군데였다. 바로 게임하는 오락실이었다. 그곳만큼은 내 존재감이 확실히 빛났다. 지금으로 치자면 어떤 게임의 최고급 레벨이라고 보면 된다. 오락실에선 누구보다 자신감이 솟았던 그 시절, 내가 잘했던 게임은 스트리트 파이터, 킹오브더 파이터, 사무라이 쇼다운 등 1대 1로 대전하는데 승률은 90퍼센트를 육박할 정도로 대단했다고 자부한다.

게임을 하다 보면 검은 그림자들이 모여들었다. 내가 게임하는 장면을 뒤에서 많은 사람이 구경하는 모습에서 깨알 같은 자부심을 가질 수 있었다. 내 꿈은 오락실 주인이라고 할 정도로 삶의 모든 것은 게임으로 귀결되었다. 나에게 있어서 가능성을 이야기해 준 첫 번째는 오락실이었던 셈이다.

지금 돌이켜보면 게임을 통해 삶의 원리를 깨달을 수 있었다. 성취감을 맛본 것! 무언가 관심 분야가 있을 때 그것을 깊이 있게 연구하여 어느 정도 결과물을 만들어 내고, 그에 따른 성취감이 무엇인지 만나게 된 것이다.

우스갯소리로 강의를 다닐 때 이런 말을 한다. "저는 1만 시간의 법칙을 오락실에서 처음으로 달성했습니다." 농담이 아니었다. 초등학교 2학년 때부터 매일 5시간이나 되는 시간을 6년 동안 투자했으니 말이다. 시간으로 따지면 10,950시간 정도여서 족히 1만 시간이 넘는다.

돈을 넣고 조이스틱을 왼손에 휘감으며 오른손 손가락으로 버튼을 누를 때면 딴 세상에 있는 것처럼 몰입했다. 그 당시 내가 느낀 것은 몰입의 감정이었다. 주위의 모든 잡념이 무시될 정도로 어느 한 곳에 모든 정신을 집중하는 그 몰입 말이다. 그 느낌을 어린 시절 게임을 통해 맛보았다.

성인이 되고 나니 그 느낌을 만났던 그때 그 시절에 얼마나 감사한지 모른다. 몰입의 경험은 또 다른 몰입을 가져올 수 있었다.『유튜브의 신』저자 대도서관은 책 속에서 이런 이야기를 한다.

"누구는 그림을 잘 그려서, 누구는 야구를 잘해서, 또 누구는 유머 감각이 있어서 인정받을 수 있다. 하지만 안타깝게도 우리 현실은 그렇지 않다. (중략) 그래서 아이들은 게임을 한다. 게임 대부분은 크고 작은 미션을 차례차례 클리어하는 구조다. 매번 자기 한계를 조금씩 뛰어넘고, 이런 실력 향상에 즉각적으로 보상이 주어지기 때문에 게임하는 동안은 성취감을 쉽게 느낀다."

나는 게임의 속성이 주는 힘을 어른이 되어 이렇게 활용하고 있다. 게임이 가져다준 성취감을 다른 가치 있는 쪽으로 색다른 성취감을 맛보도록 하는 것! 가능성을 발견하는 데는 성취감만큼 좋은 것이 없다. 작은 성취를 맛보게 함으로 큰 성취를 가져다주는 원리이다.

어른이 되고 나서 새로운 성취감의 영역에 도달하게 된다. 이 책에서 자주 언급될 독서를 통해 말이다. 독서의 세계는 서른두 살 때 만나게 되었다. 내 삶을 통해 알게 된 사실은 책을 만나는 늦은 나이란 없다는 것이다. 다양한 책 속에서, 지난 12년간(독서 나이 12살) 독서를 하면서 알게 되었다.

"늦은 나이란 없다."

"지금 바로 시작해라."

"지금이 가장 이르다."

한 책에 등장한 〈100일 동안 33권 프로젝트〉를 따라 하면서 이런 생각을 했다. '딱 100일만 해보자. 100일 동안만이라도 제대로 나에게 독서를 할 기회를 주자.' 잃을 것이 없다는 심정으로 편하게 시작했던 것이 지금 내 삶을 송두리째 바꿔주고 있다면 믿겠는가?

우리 학교에서 함께하는 학부모 독서 모임 〈다독 다독〉에서 독서를 시작한 지 5일째 되던 한 회원님이 책을 읽고 이런 말을 했다. "너무 신기하지 않나요? 독서 습관으로 인생이 바뀐다니, 전 본격적으로 모험을 해보렵니다. 응원해 주세요."

한 권씩 읽을 때마다 나에 대한 가능성을 드높이고 있다. 한 페이지를 읽을 때마다 삶의 퍼즐을 맞춘다는 생각으로 읽는다. 처음에는 이 퍼즐의 모양이 어떠한지 전혀 가늠할 수 없었다. 하지만 하나씩 채워질 때마다 숨어 있던 그림의 실체가 드러난다. 책은 나에게 그런 존재였다. 두리뭉실한 삶에서 무언가 방향을 제대로 잡을 수 있는 길잡이가 되어주었다.

주변에 많은 사람은, 분수대로 살아라, 현실에 만족해라, 꿈은 꿈속에서만 만나라 등 미래에 대한 가능성보다 현실에 안주하라는 듯한 조언을 했지만, 책은 달랐다. 이렇게 전해 주었다.

"너만의 꿈을 그려 보렴."

"누군가 해냈다면 너도 할 수 있을 거야."

"될 때까지 시도해 봐, 언젠가는 그 문이 열릴 테니."

차이가 난다. 책은 나를 뜨겁게 응원했다. 그에 부응하고 싶었다. 그래서 책에서 말한 것을 하나씩 실천해 나가기 시작했고, 그저 읽는 데서 끝나는 것이 아닌 내 삶에 하나씩 적용해 보고 싶었다. 진짜 될까? 하는 생각을 넘어서 반드시 된다는 생각으로.

책은 나를 배신하지 않았다. 사이토 다카시의 『독서는 절대 나를 배신하지 않는다』의 책 제목처럼 말이다. 지금 이렇게 글을 쓸 수 있는 것도 책 덕분이다. 다시 한번 묻겠다. 당신은 당신의 가능성을 믿고 있는가? 아직도 머뭇거리고 있는가?

그렇다면 이 말을 가슴 깊이 새기고 매일 자신에게 들려줬으면 좋겠다. '인간은 보이는 대로 대접하면 결국 그보다 못한 사람을 만들지만, 잠재력대로 대접하면 그보다 큰사람이 된다.' 괴테의 이 말을 들을 때마다 가슴이 떨린다. 내면 깊숙이 좌절하고 있는 나를 다시 끌어올려 주는 최애글이다.

잠재력대로 대접하니 서서히 이뤄진다. 이 글을 읽는 지금부터 실천해 보자. A4용지를 꺼내 이 글을 쓰고 책상 위에 붙여 놓은 다음, 매일 읽으며 잠재력을 발휘하는 자신을 바라보듯이 당신의 모습을 상상해 보았으면 좋겠다. 어떠한가? 그 누가 나를 인정하지 않아도 스스로 자신을 인정하니 가능성이 보이지 않는가? 내 눈에는 당신의 가능성이 보인다. 이 책을 펼쳤다는 것이 그 증거다. 누구보다 멋진 삶을 살아가는 당신만의 세상이 그려진다.

초등학교 교사인 나는 교실 속 아이들을 괴테의 마음으로 바라본다. 누구나 잘하는 것 한 가지는 있는 법이어서, 그것을 발견하는 순간 칭찬과 격려를 아낌없이 주곤 한다.

글을 잘 쓰는 아이, 그림을 잘 그리는 아이, 춤을 잘 추는 아이, 재치가 있는 아이, 남을 배려할 줄 아는 아이, 친구를 도와주는 아이, 청소를 잘하는 아이, 노래를 잘 부르는 아이, 목소리가 좋은 아이, 성실한 아이, 정직한 아이, 경청을 잘하는 아이, 질문을 잘하는 아이, 잘 웃는 아이, 잘 생각하는 아이, 사랑이 풍부한 아이, 이쁘게 말하는 아이, 체육을 잘하는 아이, 글씨가 이쁜 아이, 독서를 잘하는 아이, 만들기를 잘하는 아이 등 각자가 잘하는 것이 분명히 있다.

그런 부분을 드러내 줄 뿐이다. 그래서 그런지 우리 반 분위기가 좋다. 아이마다 자신의 장점이 발휘되는 공간이다. 잠재력대로 대접하니 모두가 다 위인이 된다.

오늘부터 자신과 약속하라. 자신을 잠재력대로 대접하기로. 멋진 모습이 그려진다. 당신만의 잠재력을 발휘해서 가능성을 높여 보아라. 당신은 정말 가능성이 많은 사람이다. 자신의 가능성을 실현할 수 있는 사람은 행복한 사람이다.

작은 성공을 기록하는 노트

매일 등교하면 나에게 오는 친구가 있었다. "선생님, 12월까지 목표가 작은 성공 1,500개 채우기입니다. 반드시 이루고 싶어요." 이 친구의 손에는 언제나 〈작은 성공 노트〉가 들려 있었는데, 그 노트는 우리 반에서 운영하는 학급경영 중 하나이며, 이것에는 강력한 힘이 존재한다. 매일 내가 잘하고 있다는 것을 깨닫는 것, 긍정 마인드는 그냥 생기는 것이 아니라 이렇게 지속적인 훈련을 통해 내것으로 만들 수 있다.

독일의 경영 컨설턴트 보도 섀퍼(Bodo Schafer)는 "어떤 일을 할 때 그게 너무 가볍게 느껴지면 당신은 이미 그 일을 해낼 충분한 능력을 갖췄다는 뜻이다. 즉 그 일은 언제든 성공적으로 할 수 있다는 의미다. 이처럼 언제든 성공할 수 있는 일의 목록을 만들어 보라. 더 큰 도전을 향한 자신감이 생겨날 것이다. 자신감이 있으면 무너지지 않는다."[2]라고 했다.

그가 말한 것처럼 내가 하고자 하는 일을 적고, 그것을 이뤄 가면서 성공 목록을 만들어 가는 것은 자신감을 가져오는 가장 단순하면서도 강력한 방법의 하나다. 이것을 어떻게 교육적으로 다가갈 수 있을까를 고민해 보니 문득 수첩 하나가 생각났다.

---

[2] 『열두 살에 부자가 된 키라』의 저자, 『멘탈의 연금술』 인용

'그래! 아이들에게 수시로 적을 수 있는 수첩을 제공하자. 여기에 자신이 이뤄 낸 것들을 하나씩 적게 하는 거야. 만약 습관이 된다면 아이들에게는 성공 목록이 하나씩 늘어날 때마다 자신감이 생기고, 더 나아가 자신을 만족할 줄 아는 자존감을 지닌 아이들이 될 테니까.'

그렇게 〈작은 성공 노트〉가 학급에 도입되었고, 아이들에게 이렇게 강조했다.

"올해는 선생님하고 생활하다 보니 작은 성공을 기록하겠지만 중요한 것은 이런 습관을 꾸준히 가져가는 거예요. 내가 해 온 것들을 이렇게 하나씩 적어 보면서 스스로 칭찬과 격려를 아낌없이 주는 것입니다. '진수야, 오늘 하루도 잘 살았어.' 같은 짧은 문장도 괜찮아요. 자신에게 좋은 에너지를 가져다줄 것입니다. 여러분은 너무 잘하고 있어요. 자신감 잃지 말고 하나씩 적어 보아요. 내년에도 앞으로도 꾸준히 자신이 성취해 온 것들을 적는 습관을 지닌다면 여러분의 성장력은 더욱 깊어질 것이라고 확신합니다. 우리 함께 힘내요!"

아이들은 저마다 작은 성공의 기쁨을 누리고 있다. 한 친구의 책상이 눈에 띈다. 노트 하나가 책상 오른쪽 위에 있고, 무언가를 열심히 기록한다. 매일 10가지씩 기록하는 모습이 보인다. 표정도 밝다. 지금 또 어떤 것을 이뤘는지 적고 있다. 작은 성공의 번호가 쌓일수록 자존감의 힘 또한 쌓이게 된다. 그렇게 우리 반 아이들은 성공자 마인드를 만들어 가고 있다.

연말이 되면 한 해 동안 살면서 이뤄 낸 것들을 하나씩 적는다. 막상 적으려고 하면 생각이 잘 나지 않을 것이다. 나는 평소에 이런 방법을 쓴다. 매 순간 몸에 지니고 다니는 핸드폰을 적극적으로 활용하고 있다. 메모 앱인 에버노트(Evernote)와 구글 킵(Google Keep)을 활용하여 수시로 나의 작은 성공을 적는다. 바쁠 때는 잊지 않기 위해 키워드만 적기도 한다. 그리고 나서 저녁에 키워드에 따라 문장을 완성하곤 한다.

세계적인 석학 피터 드러커(Peter Druker)는 시간 관리의 방법을 '너의 시간을 알라'라고 한마디로 말한다. 신영준 박사[3]는 '데일리 리포트'라고 해서 매시간 적기를 강조한다. 하루를 매시간 단위로 정리하라는 것이다.

이렇게 한다면 그동안 해 온 것들, 앞으로 해 나갈 것들이 정리되니 하루가 생산적으로 변하게 된다. 『성과를 지배하는 바인더의 힘』[4]을 읽고 3P 바인더를 즉시 구매하여 적용 중이다. 시간 단위로 삶을 정리하니 흩어졌던 하루가 모이는 기분이 든다.

우리가 바쁘다는 이유로 무심코 시간을 흘려보낼 때가 많기에 잠시 흘러가는 생각을 접을 수도 있고, 잠시 멈춰 서서 앞으로의 하루를 어떤 방향으로 나아가야 할지 재편성할 수 있다.

나는 작은 성공을 이렇게 표현하고 싶다. 성공자의 길을 가기 위한

---

3) 『완벽한 공부법』의 공동 저자, 로크미디어
4) 강규형 지음, 스트리치북스

거름 같은 것이라고! 거름의 의미를 위키백과에서는 이렇게 말하고 있다. '토지의 생산력을 높여서 식물이 잘 자라나도록 뿌려 주는 영양 물질을 가리킨다.' 잘 자라게 해주는 촉매 역할! 삶이 잘 자랄 수 있도록 성공 마인드를 심어주는 것, 작은 성공의 느낌을 통해 더 큰 성공으로 연결할 수 있게 된다. 작은 성공을 이렇게 적용해 보자.

- 매일 작은 성공 3가지 정리
- 매월 작은 성공 5가지 정리
- 매년 작은 성공 10가지 정리

이렇게 정리된 작은 성공은 내 삶을 이끌어 준 '핵심 성공'이라고 부른다. 핵심 성공 목록이 쌓인 만큼 '삶력'도 생긴다.

매일 작은 성공 3가지 정리

매일 저녁에 하는 습관이 있다. 하루를 복기(復棋)하는 것이다. '복기'라는 말은 부동산을 공부하는 중에 알게 된 용어다. 이는 바둑에서, 한 번 두고 난 바둑의 판국을 비평하기 위하여 두었던 대로 다시 처음부터 놓아 보는 것을 말한다.

하루를 복기하는 것, 그것은 내일의 성장을 위해서 매우 주요하고 효과적인 방법이다. 오늘 해낸 것들을 구체적으로 적어 보아라. 생각보다 자신이 해 온 것들이 많다. 아침 일어나는 순간부터, 친구 도와주기, 자기 방 청소하기, 자신이 세운 목표대로 공부하기, 말하기, 행동하기, 일터에서 중요한 업무 처리하기, 가족에게 행한 일 등 생각나는 것들을 모두 적어 본다.

그리고 나서 이 중에서 오늘 나의 작은 성공 세 가지를 정하면, 그것이 오늘의 핵심 성공이 된다. 이제 〈핵심 성공 수첩〉을 꺼내 날짜를 적고 1번부터 3번까지 쓴다. 내일도 이와 같은 방법으로 4번부터 6번까지 작성한다.

이렇게 한 달을 채우니 어느덧 90번이 되었다. 한 달 동안 90번의 작은 성공을 한 셈이다. 대단하지 않은가! 이렇게 자신이 해낸 것들이 많다는 사실을 깨닫는 순간 내 마음의 온도는 뜨거워진다. 좌절할 필요 없이 성장력이 점차 생길 것이다.

물론 날마다 성공적일 수는 없다. 그럴 때는 이렇게 적을 수 있다. '그럼에도 작은 성공을 적고 있다.', '힘들지만 미소를 지어 본다.' 등 긍정의 요소를 끌어내어 보자. 쓰면서 알게 된다. 점차 부정적 사고는 없어지고 긍정적 사고가 삶을 더 좋은 방향으로 이끌어 간다는 사실을 말이다.

여기에 한 가지 팁을 준다면 핵심 성공 중에서 한 가지를 가져와서 세상에서 하나뿐인 나만의 생각 글을 1페이지만 써 보자. 그것이 100일 동안 모이면 100페이지가 되고, 콘셉트를 정해 재구성을 한다면 원고가 될 수 있다. 그것을 토대로 출판사에 문을 두드려 보자. 소소해 보이는 삶도 쓰는 순간 누군가에게 도움되는 메시지가 될 수 있다.

매월 작은 성공 5가지 정리

한 달이 되었다. 90가지 작은 성공 목록이 보인다. 이제 그중 5가지를 선정하면 매월 '핵심 성공'이 된다. 한 달을 되돌아보며 정리하는 습관은 중요하다. 매월 한 곡을 작곡한다는 '월간 윤종신'처럼 '월간 밀알샘'같이 자신의 닉네임을 따서 자신의 삶을 작은 성공 노트를 통해 정리할 수 있다. 이때도 쓰자. 월간인 만큼 5가지에 대해 하나하나 복기하며 생각을 쓰면 좋겠다.

지난 한 달간 되돌아보면서 가장 기억에 남는 핵심 성공 5가지를 추려 보고 그에 대해 글을 쓴다. 이렇게 매달 자신을 돌아보고 글을 쓰면 꾸준한 성찰로 인해 생각이 깊어지고, 더 나아가 당신이 쓴 글들이 누군가에게 영향을 주면서 서서히 일상이 풍성해지고 성장한다는 느낌이 들 것이다. 지속해서 이야기하는 것, 글을 쓰다 보면 그 느낌을 알게 된다.

매년 작은 성공 10가지 정리

지난해는 어떠했는가? 팬데믹 시대를 지나면서 나 역시 다사다난했다. 막상 복기하려니 어떤 것을 해 왔는지 기억이 나지 않을 때가 많다. 정말 열심히 살았는데 기억이 나지 않는다. 뭐한 걸까? 만약 위에 언급한 대로 매일 또는 매월 정리된 것들이 있다면, 키워드만 봐도 지난 일 년간의 삶이 주마등처럼 스쳐 지나간다.

매년 학년을 마무리할 때 아이들과 함께 10대 사건을 적는다. 〈작은 성공 노트〉를 보면서 올해의 인생 TOP 10을 선정한다. 많은 것들을 이룬 한 해일 것이다. 적으면서 나 자신의 삶에 뿌듯하고 스스로 손뼉을 치고 있다. 이렇게 열심히 산 적이 없을 정도로 마음이 풍성해진다.

개인적으로 6년째 삶이 참으로 뿌듯하다는 것을 느끼고 있다. 삶을 기록하면서 느끼기 시작한 것이다. 지난 6년의 삶이 나를 강하게 만든 것은 물론, 앞으로 살아갈 삶에 자신감을 만들어 주었다. 여기에는 독서, 기록, 글쓰기, 책 쓰기 등의 작은 성공들을 지속해서 쌓아 온 결과이다.

당신만의 작은 성공을 기록해 보라. 기록한 만큼 삶의 공든 탑이 더욱 견고해지는 법이다. 미국의 철학자 랄프 왈도 에머슨(Ralph Waido Emerson)은 '작은 일을 소중히 여겨라. 모든 것은 사소한 일에서 출발한다. 씨앗이 하늘을 찌르는 큰 나무가 되는 것을 보라. 행복도 불행도 성공도 실패도 모두 그 처음은 조그만 일에서 시작된다.'라고 했다.

★ keyword 6 시간

어서 오세요, 나의 시간에

나의 시간에 어서 오세요

즐거운 나만의 티타임에

나의 시간에 어서 오세요

따뜻한 나만의 햇볕 아래에

나의 시간에 어서 오세요

밝은 나만의 밤에

어서 오세요

나의 시간에.

- 나의 시간, 밀알반 17기 장나연의 시

이 시에서 '나의 시간을 꾸준히 가지려는 마음가짐이 돋보인다. 나만의 시간을 갖기가 좀처럼 쉽지 않다. 시구가 더욱 가슴 깊이 다가오는 이유다. 나를 오롯이 들여다보기 위한 나만의 시간을 갖는 삶! 그 시간에 대한 중요함을 서른 중반이 되어서야 비로소 깨달을 수 있었다. 그래서인가. 이 책의 주제인 자기경영의 핵심을 이야기하라고 한다면 나는 주저 없이 '시간'이라 이야기한다.

학창 시절에는 시간이 무한하다고만 느꼈다. 자고 싶을 때 잘 수 있고, 공부하고 싶을 때 공부하고, 놀고 싶을 때 노는 등 시간이 내편인 줄 알았다. 학교를 졸업하고, 직장 생활을 하며, 더 나아가 가정을 꾸리자, 시간은 나에게 딱 붙어 있는 것이 아니었고, 내가 찾아야 한다는 것을 알게 된다.

내가 발견한 시간을 내편으로 만드는 방법 중 하나는 독서, 다른 하나는 글쓰기였다. 퍼스널 브랜딩 전문가 드로우 앤드류가 『역행자』의 저자인 자청(자수성가 청년)과의 인터뷰 중에, 과거로 돌아간다면 어떤 것을 하고 싶은지 물었다. 자청은 '22전략'을 이야기한다.

"독서와 글쓰기죠. 하루 2시간씩 2년간 글쓰기, 책 읽기를 하면 인생에서 패배할 수 없습니다."

기대한 대답인가? 아니면 부동산과 주식, 사업 등 경제적인 것을 생각했는가. 아니면 너무 뻔한 대답? 그래서 어려운 것 같다. 쉽게 할 수 있을 것 같지만 전혀 쉽지 않기에. 주변을 돌아봐도 이 두 가지를 장착한 사람을 만나기가 쉽지 않다.

오늘 당장 책을 읽거나 글을 쓴다고 내일 갑자기 삶이 변하지 않는다. 묵묵히 매일 쌓여 가는 독서력과 글력이 결국 삶의 근육을 만들어 준다. 그래서 꾸준히 하는 것이 어렵고, 그런 사람을 주변에서 볼 수 없는 이유이기도 하다.

책을 읽으면서 나와의 대화를 많이 하게 되었다. 글을 쓰면서 내 생각을 꺼낼 수 있었다. 이 두 가지는 따로 떨어져 있기보다 둘이 하나가 되고, 하나가 둘이 되는 격이었음을 이 세계에 들어와서 알게 되었다. 분명 존재한다, 독서력과 글력이 어우러지는 새로운 세계가. 그만큼 삶의 동력이 된다.

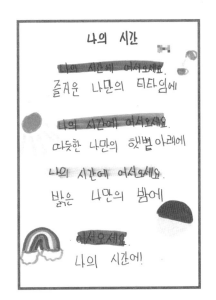

나의 시간에 자신을 초대하는 것이다. 거창하지 않다. 그저 묵묵히 책을 읽고, 생각을 글로

써서 나를 지속해서 만나는 것이다. 해본 사람만이 아는 마법 같은 이야기다.

그래서 나는 이 두 가지를 만난 세상을 이렇게 표현한다. 해리포터 『마법사의 돌』에 나온 9와 3/4 승강장이라고 말이다. 해리포터가 호그와트 마법학교를 가기 위해 눈에 보이지 않는 9와 3/4 승강장에서 자신을 믿고 힘껏 달리며 만난 새로운 세상! 독서와 글쓰기에게 딱 어울리는 세상이지 않을까 싶다. 나연이의 시 덕분에 '나'를 이렇게 만나는 중이다. 어서 오세요. 나의 시간에!

★ keyword 7 습관

우리 삶을 총괄하는 힘

아래 이야기를 읽고 물음에 답해 보자.

• 나는 누구일까요?

- 나는 당신의 영원한 동반자입니다.

- 당신의 훌륭한 조력자이자, 가장 무거운 짐이기도 합니다.

- 나는 당신을 성공으로 이끌기도 하고 실패의 나락으로 끌어내리기도 합니다.

- 나는 언제나 당신이 하는 대로 따라갑니다.

- 그렇지만 당신 행동의 90퍼센트는 나로 인해 좌우됩니다.

- 나는 모든 위인의 종이자, 모든 실패자의 주인입니다.

- 당신은 나를 통해 발전할 수도 있고 실패할 수도 있으며,

- 당신은 나를 통해 모든 것을 얻을 수도 있고,

- 모든 것을 잃을 수도 있습니다.

나는 누구일까요? 잠시 눈을 감고 짐작해 본다. 위 내용은 세계적인 연설가 지그 지글러(Zig Ziglar)의 저서 『시도하지 않으면 아무것도 할 수 없다』에 나오는 내용이다. 자, 이제 답을 말한다. 바로 '습관'이다. 거의 다 맞췄을 것이라고 여긴다. 그만큼 습관은 우리의 삶을 총괄하는 힘이 있다.

원격 수업과 함께 생활 습관이 무너진 아이들, 나는 그것을 초점에 두고 교실에서 생활하듯, 집에서도 함께할 수 있는 다양한 온라인 습관 프로젝트를 만들기도 했다. 창작이 아닌 그동안 교실에서 해 온 것을 그대로 가정으로 옮긴 것이다.

온라인 학습에 중요한 맥을 두 가지를 보고 있었다. 하나는 기본 생활 습관 형성, 다른 하나는 학습이다. 온라인 수업이든 오프라인 수업이든 습관만 잘 만들어도 모든 상황에 대처할 수 있다. 원격 수업을 해야 했을 당시, 나는 그 어떤 것보다 이 습관에 초점을 두고 아이들을 집중적으로 훈련했다.

• 독서 : 아침 10분 독서

• 글쓰기 : 마음의 두 줄 쓰기(모닝페이지)

- 배움 : 배움 노트 작성
- 청소 : 자신의 방 5분 청소
- To do list(해야 할 일) : 아이비 리 6가지 법칙
- To be list(하고 싶은 일) : 소확행 프로젝트

읽어만 봐도 대략 무엇인지 느낌이 온다. 맞다. 교실에서 했던 것을 그대로 온라인으로 옮긴 것뿐이다. 나는 이에 대한 설명을 아이들에게 알려주기 위해 영상을 하나씩 만들었다. 중요한 것은 다른 사람의 콘텐츠가 아닌 내가 만들었다는 점이다.

습관만큼은 영상을 만들어서 보급하니 아이들이 곧잘 해낸다. 팬데믹 1년차 때는 필요한 영상 자료를 대부분 같은 학년 선생님들과 만들면서 그 시기를 현명하게 이겨낼 수 있었고, 비대면 수업이 진행되어도 문제없이 배움의 하루가 흘러갈 수 있었다. 어느덧 많은 교실이 안정화된 모습이다. 등교부터 하교할 때까지 우리 반의 습관 루틴은 지금도 계속되고 있다.

★ keyword 8 감사

나의 우울증에게 쓴 편지

2007년 쪽방촌에 살면서 열심히 일한 돈을 갚고 있었으나 아직 9

억이나 남은 빛을 보면서 처음에는 절망에 사로잡혔던 저자 단희쌤. 그러던 어느 날 한 팔이 없이 우산을 팔고 있던 한 상인을 보고 세상을 탓하고 있는 어리석은 자아를 발견했다고 고백하는 대목에서 '나의 빛 9억에게' 전하는 편지를 쓴다.

> To. 빛 9억에게.
>
> 네 덕분에 더 열심히 살게 됐다. 소중한 것이 무엇인지 알았고, 돈을 벌겠다는 의지가 생겼어. 이 역경을 이겨내는 날, 나는 훨씬 큰 능력으로 더욱 성장해 있을 거야. 그러니 너에게 감사한다. [5]

그 뒤에 인생은 어떻게 되었을까? 그대로일까? 아니면 어제와 전혀 다른 삶을 살아갈까? 그는 마흔두 살에 10억의 빚을 지고도 새롭게 돈 공부를 통해 부를 이루고 많은 사람의 인생 멘토로 활동 중이다.

이 글을 읽으며 2016년 우울증에 허덕이던 때가 생각났다. 하루하루 죽고 싶고, 세상을 탓하고, 주변을 원망하던 내 모습이 떠올랐다. 혹자는 철밥통 공무원이 무슨 우울증이냐 쉽게 말할 수 있겠지만 당시 나는 마음이 죽어 있는 사람과도 같았다.

그때 나에게 희망적인 글이 있었다. "하늘이 장차 어떤 사람에게 큰 임무를 내리려 할 때는 반드시 먼저 그의 마음을 괴롭게 하고, 그의

---

5) 『마흔의 돈 공부』 단희쌤 이의상 지음, 다산북스, 인용

근골을 힘들게 하며, 그의 몸을 굶주리게 하고, 그의 몸을 곤궁하게 하며, 어떤 일을 행함에 그가 하는 바를 뜻대로 되지 않게 어지럽힌다. 이것은 그의 마음을 분발시키고 성질을 참을성 있게 하여 그가 할 수 없었던 일을 해낼 수 있도록 도와주기 위함이다." 맹자의 글이다.

뭐라도 붙잡고 싶었기에 맹자의 글귀를 외우다시피 했다. 힘이 되는 문장을 만나니 작은 용기를 내어 나를 괴롭히던 우울증에게 편지를 써 내려갔다.

To. 우울증에게

네가 이렇게 내 삶에 올지는 몰랐지만 이왕 온 이유가 있을 것으로 생각한다. 하지만 오래 있지 말아다오. 여기서 꼭 이겨내서 나는 더 나은 삶을 살아갈 테니까.

하늘이 나에게 준 사명이 있다고 하니 꼭 그것을 이뤄야 하거든. 덕분에 과거의 게으르던 나를 이겨내고 새로운 나로 태어나고 싶다.

너를 극복해낸 날 나는 제2의 인생으로 나와 같이 상처받은 영혼들을 도와주는 삶으로 거듭날 테니까. 어제보다 오늘은 좀 더 성장한 내가 되어있을 거야. 그러니 너에게 감사한다.

지금은 우울증을 회상하면서 이렇게 고백한다. 그 덕분에 일상을 소중하게 바라보기 시작했고, 이렇게 일상의 감사함을 기록하기 시작하면서 글쟁이로 살아가게 되었음에 감사하다고 말이다. 글에 썼던

대로 나는 제2의 삶을 살아가는 중이다.

지금의 삶에 어려움을 주는 대상이 있다면 그에게 감사 편지를 써 보는 것은 어떨까? 1년 후든, 5년 후든 그것을 이겨냈을 때 펼쳐 보면 그 덕분에 강해진 자신을 만나게 될 것이다.

최근에 한 선생님께서 학급경영에 어려움을 호소하셔서 함께 이야기를 나누며 선생님만의 그림을 그려갈 학급의 모습을 상상해 보았다. 즐거움이 가득한 행복한 교실이었다. 고난은 극복이 되는 순간 누군가에게 깊은 공감을 끌어낼 수 있다. 그것은 돈으로도 살 수 없는 살아있는 경험으로 마음력을 기르는 토대가 된다.

고난은 극복되는 순간 유익이 된다. 고난을 이겨내기 위해 얼마나 노력을 했을까? 저절로 성장은 뒤따르게 될 것이다. 헬렌 켈러의 말을 가슴 깊이 새겨 보자. "나는 시각장애인이기에, 앞이 잘 보이는 사람들에게 한 가지 힌트(시각이란 선물을 받은 사람들에게 그것을 가장 잘 사용하는 방법)를 알려드릴 수 있습니다." 그녀의 어려움은 누군가에게 삶을 바라보는 힌트를 줄 수 있다는 사실을 기억하라.

★ keyword 9 생각

생각대로 살아가지 않는다면

"요즘 무슨 생각하며 지내니?"

이 질문을 대학교 때 처음 선배에게 들었다. 그전까지 대부분 이런 류의 질문이었다.

"진수야, 요즘 어떻게 지내?"

"잘 지내. 너는?"

"나도 그럭저럭 지내."

이런 문장들은 영어 교과 첫 시간에서 본 것 같지 않은가?

"How are you?"

"Fine, Thank you. And you?"

"Fine, too Thanks."

거의 자동이었을 것이다. 이와 같이 질문했다면 아마 비슷하게 대답하지 않겠는가. 하지만 그때 그 질문은 달랐다. 내 생각을 묻고 있었다. 생각을 누군가에게 조리 있게 말한다는 것은 대학교 입학 면접 때가 처음이었고, 생각을 글로 표현한다는 것은 대학교 논술시험이 처음이었던 듯하다. 유·초·중·고등학교를 10년 넘게 다녔는데도 불구하고 생각을 표현한다는 것은 생각만큼 쉽지 않았다.

당시 어떤 생각하며 지내냐는 질문을 받았을 때 과연 어떤 말을 했을까? 아쉽게도 대답을 바로 하지 못하고 얼버무렸다. "잠시만 생각해 보고요." 생각을 물어봤는데 생각해 보고 대답하겠다니. 참으로 웃을 수도 울 수도 없는 장면이다. 그만큼 나의 삶은 생각과는 먼 삶을 살아왔다는 것을 알 수 있다. 당신은 이 생각이란 친구와 친했으면 한다. 생각 그 이상으로 중요한 친구임이 분명하기에. 다시 한번 물어 본다. 당신은 요즘 어떤 생각을 하며 지내는가?

요즘 달리기에 취미를 갖고 있다. 이 글을 쓰는 순간에도 동네 두 바퀴(6킬로미터)를 뛰고 컴퓨터에 앉아 타자하고 있다. 뛰면서 뭐를 하는지 아는가? '생각'이란 친구를 부른다. 그리고 이야기를 한다. 요즘 무슨 생각하며 지내는지를 서로 이야기한다.

달리다 보면 숨이 차지만 다양한 생각 속에 자유로움을 느낀다. 24시간이라는 시간 동안 6시간은 잠을 자고 나머지 시간은 일하는데, 동료들과 시간을 보내고, 집에 와서는 가족과 시간을 보낸다. 그리고 지쳐서 다시 자고 일어나기를 반복하는 삶 속에서 많은 사람이 생각은 하지 않고 사는 대로 생각하는 삶을 살고 있다.

생각대로 살지 않으면 사는 대로 생각하게 된다! 이 말 들어본 적이 있을 것이다. 프랑스 소설가이자 비평가 폴 부르제(Paul Bourget)의 말이고, 『생각대로 살지 않으면 사는 대로 생각한다』라는 책 제목을 통해 알게 되었다. 읽자마자 뒤통수를 한 대 맞았다. 그만큼 강력하게 다가왔다. 대학 시절 나에게 질문을 던진 선배의 말이 번개처럼 오버랩되면서 스쳐 지나갔다. 이때부터 나는 생각이란 친구와 진지한 만남을 하게 되었다.

"진수야, 요즘 무슨 생각하며 지내니?"

책을 읽다 보면 다양한 생각이 든다. 저자의 의견에 공감하기도 하고, 때로는 다른 생각을 하기도 한다. 그때마다 펜을 들고 나만의 생각으로 여백을 채워 간다. 생각이란 친구를 소환하는 순간이다. 생각을 초대하면 꼬리에 꼬리를 물고 저자의 글과 나의 글이 어우러져 세상에서 하나뿐인 생각 글이 탄생한다.

그때의 희열은 이루 말할 수 없다. 오늘도 나만의 생각 근육을 길렀다는 성취감도 온다. 나의 글쓰기는 그렇게 하나씩 탄생이 되는 것이다. 잠시 읽고 있는 책과 스마트폰을 내려놓고, 요즘 무슨 생각을 하며 지내는지 빈 곳에 써 보자. 어떤가? 잘 써지는가? 아니면 아직도 빈 공간으로 생각만 하고 있는가? 잘 생각이 나지 않을 때는 점이라도 찍어 보자.

점 하나, 점 둘, 점 셋… 이렇게 찍다 보면 점들이 모여서 선이 되고 선들이 모여서 면이 되어 드디어 생각이란 것을 만날 수 있다. 피터 H. 레이놀즈의 그림책 『점』을 보면서 생각도 마찬가지라고 보았다. 점에서 시작하면 된다. 〈와이어드〉의 창업자 케빈 켈리(Kevin Kelly)도 이런 말을 했다.

"나는 생각을 얻기 위해 글을 쓴다. 글을 쓰다 보면 아이디어가 나온다. 아이디어에서 글이 출발한다고 생각하지만, 아니다. 막상 글을 쓰기 시작하면 아무런 생각도 나지 않는다. 하지만 먼저 글을 쓰기 시작하면 정말로 생각이 거기서 나온다. 큰 깨달음이었다."[6]

지금 이 글을 쓰고 있는 나 역시 이 같은 경험을 하고 있다. 사람들에게 어떤 이야기를 들려줄까? 주제를 잡고 생각의 꼬리에 꼬리를 물

---

6) 『타이탄의 도구들』 저자 팀페리스, 박선령, 정지현 옮김, 토네이도, 재인용

고 타이핑을 하고 있다. 이런 형식을 무의식 글쓰기라고 한다. 『나를 치유하는 글쓰기』의 저자 줄리아카메론을 비롯한 수많은 사람이 '모닝페이지'라는 이름으로 매일 아침에 글을 쓰는 일련의 의식 행위를 했다고 하니 해볼 만하다. 생각과 친해지는 강력한 도구, 글쓰기를 만날 수 있을 것이다. 글이란 것이 작가들에게만 소유되는 거창한 것이 아님을 나 또한 깨닫는 순간이었다.

나는 생각하기를 싫어했던 사람이다. 서른두 살부터 책 읽기를 시작했고, 서른여섯 살부터 글쓰기를 좋아했다고 고백하면 믿어지는가? 뒤늦게 독서하고 글쓰기를 하면서 깨닫게 된 사실은 누구나 글을 쓸 가능성이 있다는 것이다.

이런 생각을 해본다. 나는 이렇게 늦게 시작하면서 생각이란 것과 친해졌지만 나를 만나는 우리 반 친구들이나 사람들은 조금 더 일찍 생각과 친해진다면 그들의 미래가 어떻게 펼쳐질지 기대가 되지 않는가? 나는 매우 흥분된다. 일찌감치 깨닫고 자신에게 주어진 시간을 온전히 생각과 친해지는 모습을 상상하면서.

그런 친구들의 특징은 하나같이 배우기를 좋아하고, 자신의 시간을 내편으로 만들어 가며 무언가를 생산하고, 더 나아가 그런 에너지를 주변 사람에게 나누는 사람이다. 그런 사람들로 세상이 가득하다고 상상해 보면 얼마나 아름다워지겠는가? 실수해도 서로 격려해 주고, 독려해 주며, 좋은 일에 함께 기뻐해 주고, 슬플 때 진정으로 공감해 주는 그런 세상. 플라톤이 말한 유토피아가 아닐까.

그 시발점은 바로 생각이다. 다시 한번 물어 본다. 당신은 요즘 무슨 생각하며 지내는가? 그 생각과 마주해서 대화해 보자. 글로 표현해 보자. 생각 이상으로 당신 안에 생각이 가득하다는 것을 발견하게 될 것이다. 그때 비로소 진정한 '나'를 만날 수 있다.

★ keyword 10 본보기
지식을 나누고, 행동을 나누고, 삶을 나누고

사실 아이들에게 가르쳐 줄 수 있는 것은 다름 아닌 내 삶이다. 지식은 검색하고 찾기만 해도 수없이 많은 정보가 넘쳐나는 세상이다. 특히 유튜브는 점점 양질의 콘텐츠를 끊임없이 생성하고 있고, 내가 모르는 것을 이미 누군가가 해결점을 잘 제시해 놓았기에 나 역시 잘 활용하게 되는 플랫폼이다.

김미경 강사[7]는 공부하는 분야에 대한 것을 유튜브 재생 목록 방을 만들어 유의미한 지식을 담아 놓고 공부하라면서 '유튜브 대학'이란 표현을 한다. 용어 하나만 보아도 유튜브가 가져다주는 영향력이 느껴진다.

---

7) 「김미경의 리부트」의 저자

영어도 유튜브로 가능하고, 수학도 유튜브로 가능하고, 국어도 유튜브로 가능하고, 책 추천도 유튜브로 가능하고, 영상제작 기술을 배우는 것도 유튜브로 가능하고, 경제에 대한 해박한 지식도 유튜브로 가능하니 알고자 하는 지식이 유튜브에 넘쳐난다. 검색만 하면 누구나 쉽게 접근할 수 있다.

내가 원하는 콘텐츠를 올리는 유튜브를 만나면 자동으로 '구독' 버튼을 눌러서 언제든지 제작자가 예전에 올려놓은 영상은 물론, 앞으로 올려질 영상도 재빠르게 탐색할 수 있다.

이런 지식과 지혜가 넘쳐나는 세상에 누군가를 가르치는 직업을 갖는다는 것은 쉽지 않다. 어떻게 하면 영상이 판치는 세상에서 아이들에게 선별하는 능력을 갖추게 하고 유의미 있는 가르침을 줄 수 있을까를 스스로 묻곤 한다.

내가 찾은 방향은 '함께'다. 교사인 나도 한없이 부족하다. 인정할 것은 인정하고, 그와 동시에 학생들과 함께 소통하고 배우며 성장의 밑거름을 만드는 것이다. 가장 좋은 것이 '본보기'인데, 이것이 가장 어렵다. 나 역시 완벽한 사람이 아니므로. 그런데 이것 하나는 분명하다. 교사인 내가 즐겁게 성장하는 모습을 아이들은 항시 보고 있다는 것을.

독서를 만나고 생전 아이들 앞에서 읽지 않던 책을 펼쳐 들었다. 억지가 아닌 마음에서 우러나는 행동이었기에 그 자체만으로도 내심 뿌듯했다. 점심시간이었다. 내 손에는 한 권의 책이 들려 있었고, 한 친구가 묻는다.

"선생님, 그 책 읽고 계신 책이에요?"

"아, 선생님도 이제부터 읽으려고 해요."

"대박~ 선생님, 뭔가 좀 안 어울려요."

"그래? 이제 좀 어울리는 사람이 되어 볼게요."

아이들이 내 모습을 보고 있다는 것을 알아차린 순간이었다. 이때가 교직 경력 5년 차였다. 그날 이후 아이들에게 비친 내 모습이 얼마나 중요한지를 알게 되었다. 교과서 안에 있는 지식도 중요하지만 교사인 내가 하는 말, 눈빛, 행동, 생각, 비전 등이 더욱 아이들에게 영향을 주고 있다는 것을 알았다.

내가 꿈이 생기니 아이들에게 꿈으로 다가가기가 쉬웠다. 독서를

하게 되니 독서하는 삶을 나누기가 쉬웠다. 글쓰기를 하게 되니 글쓰는 삶을 나누기가 쉬웠고, 나의 강점에 집중하니 아이들이 자신의 강점을 발휘할 수 있도록 기다려주는 여유가 생겼다. 삶이 즐거우니 아이들을 바라보는 세상도 밝게 빛났다. 삶에 감사하니 아이들 한 명 한 명 그 자체가 감사하게 다가왔다. 일상에서 풍요로움을 느끼니 아이들의 말에 더욱 귀담아주고, 반응해 주며, 함께 일상을 누리는 것이 즐거웠다. 모든 것들이 배움임을 알게 되었다.

지식을 나누고, 생각을 나누고, 말을 나누고, 행동을 나누고, 인격을 나누고, 삶을 나누는 모든 순간! 어제 순간의 합이 오늘 교실의 에너지를 만들기에 하루 매 순간이 우리에게는 중요한 시간이었다. 한 순간도 허투루 살 수 없는 이유이기도 하다.

교실은 그런 곳이다. 서로가 서로에게 영향을 주는 곳, 에너지가 서로 얽혀 있기에 실타래가 꼬이지 않도록 평안을 가져야 하는 곳, 때로는 넘어져도 비난하기보다 '괜찮아', '내가 도와줄게' 하며 손 내밀 수 있는 곳. 그 중심에는 우리 선생님과 아이들이 공존한다. 함께 나아간다. 앞서거니 뒤서거니 하는 것이 아닌 함께 걸어가야 한다.

그렇기에 더욱 아이들에게 비친 내 모습이 중요하다. 거짓이 아닌 진실한 모습을 말이다. 좋은 프레임으로 내가 보인다면 아이들은 이런 교실 속으로 한 걸음 내딛는 기쁨이 있을 테니까. 한 친구가 그림을 그려준다. 웃는 내 모습, 그 친구에게 '웃는 상'이었나 보다. 앞으로 아이들과 함께 웃으며 성장하는 교사를 꿈꾼다.

★ **keyword 11 일상**

자연의 메시지에 귀 기울이기

주변에 떨어지는 낙엽들이 많다. 11월이면 우리나라 어디든지 볼 수 있는 현상이다. 예전에는 일상 속에서 감동을 주던 일들이 크게 다가오지 않는다. 그냥 그런가 보다. 또다시 가을이 오고, 또다시 나뭇잎이 떨어지면서 삶은 그렇게 흘러갈 것이다.

그렇게 시간이 흐르던 2016년, 김병완 저자의 『48분 기적의 독서법』을 읽었다. 그곳에서 만난 낙엽은 내가 생각해 온 것과는 달라서 저자의 삶에 이끌리기 시작했다. 낙엽 하나에 뇌와 심장에 강한 충격이 왔다는 표현까지 서슴지 않고 말하고 있었다.

> 낙엽이 지던 어느 가을날 길가에 뒹구는 나뭇잎들을 보고 불현듯 '바람에 뒹구는 쓸쓸한 저 나뭇잎'이 내 신세와 같다는 생각이 들었다. 아니 생각만이 아니라 나와 같은 샐러리맨의 미래 모습이 연상되면서 뇌와 심장에 심한 충격이 왔다.[8]

그 뒤로 저자는 다니던 대기업에 사표를 내고 낙엽이 가져다준 가슴속 메시지를 따라 도서관에서 삼년 가까이 깊이 있게 독서와 글쓰

---

8) 『48분 기적의 독서법』 김병완 지음, 미다스북스, 인용

기, 책 쓰기를 하게 된다. 그 뒤에 이어지는 삶은 영화처럼 흘러간다. 여기서 일상을 바라보는 관점의 변화에 강한 떨림이 있었다.

똑같은 일상도 누구는 평범하게 흘러가지만, 누구는 인생의 전환점을 발견한 듯 강한 끌림으로 인해 삶이 변한다. 관점의 변화! 그것은 이미 우리 안에 있던 무엇을 꺼내는 것이었다. 누구에게나 가능하고, 언제 어디든 볼 수 있는 그런 눈을 가진다면 그 사람은 어떤 상황 속에서도 메시지를 발견한다.

매일 눈을 들어 주위를 본다. 자연이 주는 메시지에 귀를 기울인다. 아이들의 노는 모습을 통해서도, 나누는 이야기 속에서도, 넘어진 그 순간, 땅을 짚고 일어서는 그 순간에도 최대한 귀를 기울인다. 저기 많은 사람이 무심코 밟고 가는 낙엽들이 많다.

그들에게 다가간다. 나무에서 떨어져 더러는 말라버리고 더러는 썩어 가는 낙엽들이다. 가만히 보니 이들에게도 할 이야기가 많은 듯

하다. 너도나도 바람에 휘날리며 옹기종기 모여 몸을 흔들어대면서 이야기를 한다. "그거 아니? 넌 정말 특별해. ♥" 나에게 들려준 한 행이었다.

나에게도 조금은 일상을 다르게 바라보는 눈이 생겼다. 내일은 어떤 메시지를 자연이 들려줄지 기대된다. 나에게만 들리는 특별한 메시지를 받아 적을 준비가 되어 있어서 자연이 주는 소리를 그냥 적기만 하면 되고, 기록으로 남기면 된다. 한 행이라도 이렇게 남기는 하루를 맞이한다.

밀알반 18기 신유승, 허설현 학생의 작품

3월 초 아이들과 운동장에서 자연의 소리를 듣는다. 국어 단원과 연계하여 시를 쓰기 위함이다.

"친구들! 자연의 소리를 글과 그림으로 자유롭게 표현해 보아요."

우리는 한 시간 동안 오감을 총동원하여 자연의 소리를 듣는다. 아이들은 각자 부지런히 무언가를 쓴다. 우리는 교실에서 함께 쓰인 글과 그림으로 한 편의 시를 완성한다. 자연과 스스럼없이 소통하는 친구들이 부럽기만 하다.

잠시 책 읽기를 멈추고 나에게 의미 있게 다가온 오늘의 한 행을 남겨 보자. 그것에 대한 글 한 편을 써 보자. 이렇게 쓰인 글들이 모여 내 삶을 이루고, 모인 삶은 결국 최고의 사람 책이 되어 여러분 앞에 다가올 것이다. 매일 나의 단상을 적는 행위는 생각 이상으로 강력하다. 일상을 새롭게 바라보는 눈이 떠지는 일이다.

★ keyword 12 배움

세상에서 가장 가치 있는 투자

이번에는 꽁꽁 숨기고 싶은 나의 학창시절을 함께하려 한다. 사실 이 이야기를 과감히 삭제하려고 했지만 언젠가 욕심으로 잘못된 길을 선택할 누군가 한 사람을 위해 당시를 회상하며 기록했다.

부모님은 투자에 '투'자도 모른 채 살아오셨다. 그저 열심히 일해서 은행에 적금 넣고(IMF 사태로 인해 예금 금리가 18%까지 올랐던 시절) 현금을 늘리는 전략이었다. 열심히 살아오셨지만, 참으로 힘들어하는 모습이 많았다. 아버지는 직원이 얼마 되지 않은 조그만 전기회사를 운영했는데, 어느 날 아버지께서 운영하시는 회사에 방문했더니 일거리가 없었는지 직원들이 무료하게 시간을 보내고 있었다. 친척 형도 전기를 배우고, 관련된 기사 자격증을 따고 무언가 열심히 돌아가는 듯한 느낌도 있었지만 서서히 두려운 일이 다가오고 있다는 것을 그때는 알아채지 못했다.

대기업으로부터 받는 공사대금은 현금이 아니라 대부분 어음이었다. 어린 나로서는 이상하게 보이는 종이를 펼쳐 들고 고민하던 아버지 모습이 무거워 보였다. 그것에 대한 쓰임을 잘 알지 못했지만, 미리 받기로 약속받은 어음일 뿐이었다.

때는 1997년 IMF로 인해 세상이 뒤바뀐 시간이었다. 현금이 돌지 않으니 나름 회사의 운영진이었던 아버지는 직원 임금을 주기 위해 대출을 받기도 하고, 카드깡으로도 모자라 사채를 끌어다 쓰기도 했다. 이런 것들은 가족이 전혀 모르는 채 행해졌다.

결국 어음을 준 기업은 부도가 났고, 그 여파로 아버지께서 운영하시던 회사도 문을 닫을 수밖에 없었다. 지렁이도 밟히면 꿈틀거린다고 하던데 꿈틀거릴 기회조차 없이 그저 짓밟혔다고 표현하고 싶다. 〈국가 부도의 날〉 영화 속 허준호처럼 그저 주저앉을 수밖에 없는 상황이었다.

그 뒤로 아버지는 온갖 스트레스로 위의 대부분을 절단하는 수술을 받았고, 감당하기 어려운 빚으로 인해 부모님이 이혼하면서 가족은 뿔뿔이 흩어졌다. 부정적인 기운이 우리 가정에 몰래 습격해 왔다. 그래도 어머니는 굳건히 가정을 지키며 힘든 하루하루를 이어 가셨다.

어머니는 참으로 열심히 일하셨다. 어머니 혼자 자녀를 키운다는 것이 얼마나 힘들었을까? 이제 나도 가장이 되어 아이를 키우면서 조금이나마 알게 되었다. 온전한 가정을 이루고 있는 부모조차 아이를 키우는 것이 힘든데 혼자 두 자녀를 키운다는 것은 몇 배나 힘이 들었을 것이다.

생각해 보면 투자의 '투'자도 모른다는 것은 그것을 알기까지 삶에 대한 여유를 찾기가 쉽지 않았다는 것이다. 이런 가정의 모습을 거치면서 내가 생각한 것은 딱 하나였다. '이렇게 가정이 무너진 데는 돈이 없어서다. 돈을 많이 벌자.' 돈을 버는 것이 최고라고 생각했고, 군대를 전역하고 사회에 나와서 주식에 손을 대기 시작했다. 나름 자신이 있었다.

주식 공부도 많이 했고(이런 교만함으로 호되게 당하게 된다), 유료 카페에 가입해서 온종일 주식에 매달렸다. 각종 차트 및 기법도 연구하고 그것을 하나씩 적용해 가면서, 세상에 돈이란 돈은 모두 나에게 오라는 주문을 외우며 점점 주식쟁이가 되어 갔다. 종일 호가창만 보며 실시간 주식 그래프를 보기 위해 밥도 컴퓨터 앞에서 먹으며 오르면 오르는 대로 걱정, 떨어지면 떨어지는 대로 걱정을 안고 사는 그런 사람이 되어 있었다.

그 당시 비트코인이 있었다면 나는 밤잠을 청하지 않은 채 끊임없는 매매로 인생이 피폐해져 갔을 것은 눈으로 보지 않아도 뻔하다. 그만큼 주식의 노예, 아니 돈의 노예로 살아가고 있었다. 많은 돈은 아니었지만, 당시 나에게는 제법 큰돈이 하루 사이에 왔다 갔다 했다. 하루 만에 월급만큼 벌기도 하고 잃기도 하면서 조금씩 내 계좌는 녹고 있었다.

2007년은 어떤 종목을 매수해도 이익이 나는 시기였기에 이것을 내 실력이라고 착각했다. 2020년 코로나 시기를 생각해 보면 된다. 지나고 나면 대부분 종목이 올랐던 시기다. 착각해도 단단히 착각했다. 2008년 금융 위기를 만나면서 내 금융에 위기가 다가왔고, 손절에 손절매를 거듭하면서 어느덧 계좌는 10분의 1 토막이 되어 내 마음도 너덜너덜해져 소화도 되지 않았으며, 하루하루의 삶이 참으로 부질없다는 느낌이 들 때가 많았다.

지금 돌이켜 보면 오히려 잘 되었다는 생각이 든다. 그때 돈을 많이 벌었다면 나는 아직도 돈의 노예로 살아가고 있을지도 모른다. 이처럼 잃으면서 얻은 것이 하나 있었다. 그것은 돈에 대한 겸손과 감사였다. 그때 이후에도 정신을 못 차렸는지 제대로 공부를 하지도 않고 그냥 감으로 부동산에 도전했다가 몇 차례 큰 손실을 만났다.

결국 우울증이 왔고, 마음이 진정되지 않을 정도로 하루하루가 가

시밭길이었다. 지금의 내 모습과는 180도 다른 우울한 날들이었다. 우울증을 극복하는 과정에서 만난 글쓰기 덕분에 지금은 이렇게 못난 과거의 모습도 당당히 글을 쓸 수 있게 되었다. 수많은 위인과 성공자들도 실패를 달고 살았다. 실패는 성공의 어머니라는 말이 엄청난 숙고에서 나온 것임을 몸소 깨닫는 시간이었다. 실패의 아이콘인 링컨만 봐도 실패를 통해 성공의 토대를 마련했다니 위안이 된다.

지금은 어떠할까? 무척이나 평안하다. 과거의 잃은 돈을 생각하면 가슴이 쓰라릴 때도 있지만 그 덕분에 최고의 투자법을 알게 되었다. 그 투자법을 만나면서 독서를 하게 되었고, 이렇게 글을 쓰고, 저자의 삶을 살아간다. 그 투자법이 뭘까? 바로 자기경영을 위해 투자하는 것이다.

자신을 위한 투자를 얼마나 해봤는지 궁금하다. 그동안 나를 위해 옷, 신발, 자동차, 집 등 어떠한 물건을 획득하는 것으로 가치를 부여해 왔기에 지식 산업을 위해 적극적으로 돈을 투자하지는 않았다. 다양한 책을 읽으면서 내가 할 수 있는 것들에 대하여 알게 되었다. 인생 자체를 한 단계 더 도약할 수 있는 것들을 말이다.

내 가치를 높일 수 있는 배움에 적극적으로 투자했다. 책 쓰기를 포함하여 다양한 강사들의 노하우를 배우기 위해 유료 강의료를 아낌없이 투자했다. 사실 몇 만 원을 내고 연수를 듣는 것조차 싫어했던 내가 전문가 과정을 밟기 위해 그 이상의 몇 배, 몇 십 배, 몇 백 배를 투자한다는 것이 쉬운 결정은 아니었다.

지금 돌이켜 보면 그것이 내 인생에 있어서 가장 멋진 선택이었음을 부인할 수 없다. 그만큼 자신의 가치를 높이기 위해 투자했던 그 순간이 지금의 나를 만들 수 있었다. 이렇게 글을 쓰고, 책을 쓰며, 강의하는 메신저의 삶을 살 수 있게 된 것이다.

이젠 미래가 두렵지 않다. 내 삶은 가면 갈수록 우상향 그래프를 그릴 것이기 때문이다. 왜 이런 확신이 드는지 물어 본다면, 바로 마인드셋에 있다. 돈을 좇는 것이 아닌 돈이 따르는 것을 선택했으니. 내 가치를 높이면 돈은 자연스럽게 따라온다. 무자본 지식 창업을 할 수도 있고, 지속해서 글쓰고 그것을 모아서 책을 출판하고 강의로 연결하는 일정한 루틴을 형성하는 것만으로도 이미 과거에 잃어버린 시간과 자금을 회수하고도 남았다.

그렇다고 엄청 유명해서 이런 일이 가능했던 것은 아니다. 그저 묵묵히 나 자신의 마인드를 강화하고 이미 내가 원하는 삶을 살아가는 그들의 발자취를 따라가고자 노력하고 있을 뿐이다. 자신의 발전에 투자하는 것, 어찌 보면 식상한 이야기겠지만 그것이 최고의 투자라고 다시 한번 강조한다.

주식도 우상향하는 그래프를 좋아하듯이 나에게 하는 투자는 나이가 들수록 멋진 그래프를 그릴 것이다. 여러분은 자신의 성장을 위해 얼마만큼 투자하고 있는가? 아낌없이 투자하고 또 투자해 보자. 결국 그 이상으로 되돌아오게 되어 있다.

즐기는 삶을 향하여

#사례 1

오로지 맨몸으로 이어가는 것이 있다. 손끝의 힘과 발끝의 힘까지 필요하다. 온몸을 이용해 한계를 넘어서는 그것은 바로 클라이밍이다. 여기 한 소녀를 소개한다. 암벽 천재라고 불리는 소녀, 클라이밍 즐기는 부모님을 따라 어릴 적부터 등반을 시작해 '땅보다 암벽이 더 편한 아이'는 스포츠클라이밍 국가대표 서채현 선수다.

그녀는 도쿄 올림픽에서 스포츠클라이밍 부문에서 엄청난 활약을 한 선수다. 관심 있는 분들은 아마 올림픽에 나오기 전에 알고 있었을 것이다. SBS 〈세상에서 이런 일이〉에 열한 살 암벽 등반 소녀로 나온 적이 있다.

#사례 2

또 한 선수를 소개한다. 박태환 선수 이후 5년 만에 세계수영선수권 대회 남자 자유형 200미터에서 금메달을 되찾아온 황선우 선수이다. 외신에서는 '한국의 시간이 돌아왔다!'라고 그를 표현한다. 그를 알게 된 것은 서채현 선수와 마찬가지로 도쿄 올림픽을 통해서였다. 하이라이트 영상을 보다가 황선우 선수 경기에 눈을 떼지 못했을 정도로 감동이었다. 무엇보다 수영을 대하는 태도, 즐기는 자세가 깊이 있게 다가왔다. 수영을 즐기는 그가 올림픽과 세계수영선수권에서 보여준 것은 메달 그 이상이었다.

#사례 3

멋진 지휘 퍼포먼스를 하는 분이 있다. 유쾌한 오케스트라를 지휘하고 있는 그는 이름에서도 느낄 수 있듯이 음악회 분위기가 유쾌하다. 지휘하는 사람을 보니 어디서 많이 본 얼굴이었다. 맞다. 1994년 SBS 개그콘테스트로 데뷔하였고, 1996년 MBC 공채 코미디언으로 입사하였으며, 서울예술전문학교 개그학과 교수로도 활동 중인 개그맨 김현철이다.

개그맨이 오케스트라 지휘를 한다고? 지휘자라고 함은 오케스트라에 있는 모든 악기의 연주 시작과 끝, 음색과 리듬, 선율 등을 조화롭게 끌어내 하나의 멋진 음악으로 재탄생시킬 줄 아는 프로페셔널을 떠올리는데 개그맨과는 뭔가 관계가 부족하다는 생각이 들기도 한다. 그러나 그의 이야기를 듣다 보면 절로 고개가 끄덕여진다. 어렸을 때부터 클래식을 좋아했고, 사십 년이 넘도록 클래식과 동행하고 있다는 인터뷰에서 클래식 사랑을 느낄 수 있었다.

우연히 그의 지휘 영상 하나를 보고 나서 한 시간 넘게 다른 영상들을 챙기다가 그의 열정을 내 삶에 적용하고 싶었다. 더욱 놀라운 것은 지휘자임에도 악보를 읽지 못해서, 그냥 외워서 한다고 하니 대단한 모습이 아닐 수 없다.

서채현, 황선우 선수, 지휘 퍼포머 김현철을 보면서 『논어』의 한 구절이 떠올랐다. '무언가를 안다는 것은 그것을 좋아하는 것만 못하고, 좋아하는 것은 즐기는 것만 못하다.' 무언가를 이렇게 깊이 있게 사랑하고 하나가 되면 누구나 그 분야에 있어서 충분히 할 수 있다는 것! 물론 이렇게 한 나라를 대표하며, 세계적인 선수로 나아가는 것만이 삶의 전부는 아닐 것이다.

자신이 좋아하고, 좋아하는 것을 넘어 즐길 수 있다. 이 태도가 삶을 대하는 자세에서 중요하다. 무언가를 즐길 수 있다는 것은 어떤 것일까? 누구에게도 그 모습은 분명히 존재한다. 스티브 잡스가 안주하지 말고 계속 찾으라(Keep looking Don't settle)고 말한 것처럼 그것을 발견하기까지 끊임없이 노력해야 한다.

이렇게 말하는 나조차 교직 경력 5년차까지 즐길 줄 몰랐다. 여기서 즐긴다는 것은 그저 내가 하고 싶은 것들을 하는 것이라는 짧은 생각이었지만, 점차 경력이 쌓일수록 즐거움은 단순한 쾌락을 넘어 성장할 때 성취감이 크다는 것을 알게 되었다. 성장이란 무엇인가? 어떻게 해야 성장할 것인가?

"저는 공부하기 싫어요." 놀랍게도 이 말은 학생이 아닌 주위에서 자주 볼 수 있는 어른에게 듣는 표현이다. 나 역시 하루하루를 무의미하게 여길 때는 공부란 것이 지겹게만 느껴졌는데 그렇지 않더라. 진짜 공부를 하기 시작하면서 삶이 더욱 즐거워졌다.

즐거운 공부의 교각이 된 것은 다름 아닌 독서였다. 독서를 통해 원하는 분야를 깊이 있게 다가갈 수 있었고, 알게 되니 성장은 기본으로 따라왔다. 가령 독서에 관심이 생기니 관련 도서를 찾아서 읽어 본다.

특히 독서를 통해 삶이 변하는 사람들의 모습이 좋았다. 『1천 권 독서법』, 『본깨적 독서법』, 『리딩으로 리드하라』, 『걷는 독서』, 『메모 독서법』, 『고수의 독서법을 말하다』, 『교사의 독서』, 『부자의 독서법』, 『초서 독서법』, 『부자들의 초격차 독서법』 등 독서법 관련 책을 읽으면서 나만의 독서가 보이기 시작했고, 그동안 억지로 하던 공부를 넘어 드디어 자발적인 순도 100퍼센트의 공부로 접근할 수 있었다.

유튜브 영역에 관심 가질 때는 『유튜브의 신』, 『유튜브 레볼루션』, 『유튜브 젊은 부자들』, 『유튜브 떡상의 비밀』, 『유튜브 시크릿』, 『유튜브로 돈벌기』 등 관련 키워드만 검색해도 이미 그 분야에서 도움을 주는 내용을 책으로 만든 이들의 이야기를 먼저 접할 수 있었다.

이 얼마나 즐기기 좋은 세상인가. 내가 좋아하는 분야를 만나기만 하면 된다. 그것이 즐기는 삶의 세계로 인도한다.

"나는 공부가 재밌어요."

주변에 많은 분이 이런 고백이 일어나길 바란다. 그런 고백이 곧 자기경영의 첫걸음임을 알기에 오늘도 나의 즐거운 삶을 새기는 이유다.

인생은 톱니바퀴라고?

독서와 글쓰기 관련 책을 출간한 뒤 관련 주제로 강의 의뢰를 받는다. 충북에서 진행된 글쓰기 연수 중 기억에 남는 선생님의 시가 있다. 이미지 관련 글쓰기를 위해 다양한 사진을 펼쳤는데, 두 개의 톱니바퀴가 맞물려 돌아가는 사진을 고르셨다. 짝토론을 진행하면서 왜 그 사진을 선택했는지 물었다.

"하고 싶은 것은 많은데 잘 모르겠어요. 그냥 돌기만 하는 것 같습니다. 앞으로의 삶은 이 톱니바퀴처럼 맞물려 돌아가면 좋겠다는 생각입니다."

"교직 경력이 얼마나 되셨는지요?"

"이제 2년차입니다."

"저는 교직 10년 동안 그런 생각조차 못했는데 2년차에 자신에 대해 생각하는 모습에 박수를 보내고 싶습니다. 앞으로 행보가 기대됩니다. 자신을 잘 발견하길 바랍니다."

이어서 각자 선택한 이미지에 대해 글쓰는 시간이다. 이미지 글쓰기(의미 있는 사진에 대해 내 생각을 기술하는 것), 여기까지만 해도 글쓰기와 친해질 수 있다. 나는 한 단계를 더 들어간다. 쓴 글을 활용하여 시로 표현해야 한다. 주요한 문장에 밑줄 긋고 행과 연을 나눈다. 여기에 문장을 추가하거나 수정하면 한 편의 시가 완성된다. 그렇게 해서 탄생한 선생님의 시 '인생은 톱니바퀴'를 소개한다.

> 하고 싶은 것은 많은데
>
> 뭘 하고 싶은지 모르겠다
>
> 여기저기 중구난방 벌려 놓긴 하지만
>
> 정리가 안 되고 방향이 안 잡힌다
>
> 언젠간
>
> 내 안의 여러 톱니바퀴가 맞물려
>
> 완벽하게 작동될 날이 있을까?

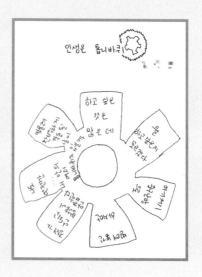

강의를 다니면서 다양한 선생님들에게 공통으로 묻는 질문들이 있다. "어떤 것을 좋아하세요?", "퇴근 후에 무엇을 하며 보내나요?", "어떤 삶을 꿈꾸나요?" 이 질문에 대하여 진지하게 고민

한 분들을 만나기가 쉽지 않았다. 이유가 뭘까? 살아가는 데 가장 중요한 푯대를 놓치고 헤매고 있는 것은 아닐까?

교사들의 삶은 타인중심형이 강하다. 학교 생활의 큰 흐름인 수업, 상담, 업무 등 많은 것들이 내가 아닌 타인을 향해 있다. 그만큼 에너지가 소비가 크다. 퇴근하면 몸과 마음이 지쳐 있는 날이 많다. 하루 동안 나를 위한 보상으로 TV를 켜고, 핸드폰을 보면서 무의미한 시간이 흘러간다. 오늘도, 내일도, 앞으로도.

선생님의 글을 보면서 교사란 이름으로 다른 이들의 삶을 끌어내는 데는 전문가라지만 정작 자신의 삶을 이끌어 가는 데 소홀했던 내가 생각났다. 나는 서른 중반이 되어서야 위와 같은 것들을 고민하기 시작했다. 타인을 향했던 점에서 자신을 향한 점을 찍으니 또 다른 인생의 그래프가 그려졌다.

과거의 나는 어떤 사람인지, 현재 나는 누구인지, 미래의 나는 어떨지. 그때부터 조금씩 성장하는 나를 만나면서 어제의 나보다 좀 더 성장한 오늘의 자아를 만날 때 톱니바퀴가 작동됨을 알게 되었다. 이 말을 전하고 싶다.

"선생님의 톱니바퀴는 이제 시작이에요. 천천히 한 걸음씩 나아가면 됩니다. 그때부터 만나지 못했던 자아가 다른 문으로 이끌어줄 것입니다. 새로운 세상이 펼쳐질 거예요. 그 세상과 조우하면서 매일 성장하는 기쁨을 만나게 될 것입니다. 기대하셔도 좋습니다. 내 안에 잠들어 있는 또 다른 거인을 만나게 될 테니까요. 그때 비로소 숨어 있던 인생의 톱니바퀴가 보일 것입니다. 바로 지금을 살아가는 선생님을 응원합니다."

PART 2

밀알샘,
성장하는 교사는
누구인가요?

★ keyword 14 태도

독서와 책 쓰기를 자주 연결하라

여기 간절하게 주고 싶은 선물이 있다. 책을 대하는 자세이다. 서른두 살에 독서를 시작한 나는 어느덧 12년, 독서 나이로 치자면 열두 살인 셈이다. 어느 곳이든 나를 소개할 때 "독서 나이 열두 살입니다." 라고 말한다. 사람들이 많이 놀라는 눈치다. 어떤 분은 이 말에 대하여 믿지 않으려고 한다.

"어렸을 때부터 책과 친하셨을 것 같은데, 전혀 뜻밖이에요."

회상해 보면 주변에 독서를 즐긴 사람이 거의 없었다. 독서를 강조하긴 했으나 실제 누군가를 본받아 책을 사랑할 만한 사람은 없었다.

자연스럽게 책과 먼 삶이었다. 그러던 내가 늦깎이 독서가가 되었으니 스스로도 대견하다. 늦게 배운 도둑질이 무섭다고 하듯이 책을 제대로 접한 뒤로 책에 푹 빠져 살았다.

만나고 싶은 사람이 있을 때 그분과 관련된 책을 펼쳐 든다. 펼치는 순간 소환이 된다. 함께 이야기를 나눈다. 개인적으로는 어떤 지식적인 측면을 나누는 것도 좋지만 저자의 삶을 읽을 때 깊이 있게 본다. 아니, 보는 것을 넘어 그의 이야기를 경청한다. 어떤 삶을 살아왔고, 어떤 생각을 하고 있으며, 어떤 행동을 통해 어떤 삶이 펼쳐졌는지를 보면서 이야기에 나를 투영한다.

독서와 친해진 뒤로 내 삶은 독서를 만나기 전과 후로 나누어질 정도로 확실히 다르다. 무엇보다 마인드가 달라졌다. 독서를 통해 마음력이 생긴 것이다. 아령으로 근육을 만들듯, 책을 펼쳐 들면서 마음력을 만들 수 있었다. 좁았던 마음은 풍요로워지고, 다른 사람을 이해하는 공감력도 생긴다.

책 속에는 하나의 세상만 있는 것이 아닌 수많은 세상이 존재한다. 그 세상은 책을 펼치는 순간, 어느덧 내 삶에 펼쳐져 함께 여행하는 듯한 느낌이다. 책 속의 책을 만날 때는 어김없이 노트에 책 제목을 적고 다음 읽을 책 목록으로 넣어둔다. 또 다른 세상을 만날 기회다.

여행을 떠나고 싶으나 어느 곳으로 어떻게 가야 할지 머뭇거릴 때가 있는데 책 속의 책은 여행의 방향을 고민 없이 갈 수 있는 내비게이션 역할을 해준다. 그대로 따라가다 자신의 길을 가야 할 시점에서 나만의 길을 만들어 가면 된다.

여기서부터는 나도 한 걸음 내디딜 수 있겠는 걸. 그 시점이 바로 글을 쓰게 되는 독서의 또 다른 연장선이 된다. 독서에서 시작했던 것이 기록으로, 기록에서 글쓰기로 이어지는 또 다른 세상을 만난다. 독서와 글쓰기는 떼려야 뗄 수 없는 관계임에도 우리는 보통 독서 따로, 글쓰기 따로 교육을 받아왔고, 그렇게 단절된 채 배우고 익혔기에 재미는 재미대로 없고 삶에는 제대로 적용이 되지 않았다.

독서와 글쓰기를 자주 연결해 보라. 책 속의 좋은 구절이 나오면 그 구절로부터 떠오르는 생각을 글로 표현해 보는 것에서 시작하면 된다. 18년의 유배 생활 동안 500권의 책을 집필한 정약용 선생님은 책 속의 좋은 구절을 베끼어 쓰라고 했다. 우리에게 이렇게 간단하게 조언한다.

그는 초서 독서법이라고 말하며 유배지에서 보내는 편지에 자녀들에게 부지런히 책을 읽고 부지런히 글을 쓸 것을 강조했다. 우리는 그의 가르침을 삶에 끌어오면 된다. 독서만 할 때는 몰랐는데 그와 동시에 쓰다 보니 마음이 풍성해짐을 느낀다. 이렇게 글을 쓰고, 책을 집필할 수 있게 된 것도 독서를 넘어 글을 쓰면서 가능해진 일이다. 마음력이 생기니 이것을 글로 풀어냈을 뿐이다.

독서의 또 다른 장점은 생각력도 함께 따라온다는 점이다. 그전까지는 생각하는 것이 부담스러웠다. 하지만 이제는 생각이 나는 순간 잠시 멈춰서서 생각의 꼬리를 기억하고 이어 나가기 위해 부단히 기록하고 글을 쓰게 된다. 이쯤만 되어도 감사한 데 더 나아가 독서를 통해 책 쓰기까지 연결이 되니 일석다조의 효과가 있다. 그러니 변할 수밖에 없는 삶의 여정이다. 독서는 나에게 있어서 세상에서 얻은 것 중 매우 소중한 결실 중 하나임이 분명하다.

독서에 대한 이런 느낌을 나를 만나는 사람들에게 나눠 주고 싶다. 책이란 것이 어떤 것인지, 그와 함께 삶에 주는 것이 어떤 것인지를 말이다. 그동안 많은 분을 만나 독서의 중요성을 이야기했다. 이렇게 하라!가 아닌 "저는 이렇게 하고 있습니다."라고 이야기한다. 각자의 노하우가 있기 때문이다.

독서법은 사람의 수만큼 있기에 내가 하는 방법이 누구에게나 반드시 적용되는 것은 아니다. 다만 내가 했던 방향이 누군가에게는 동기부여가 되고 자신만의 방법을 찾아서 또 다른 누군가에게 영향을 미치게 된다. 그 한 사람의 힘이 중요한 이유다.

독서가가 되면서 주변을 돌아본다. 아쉽게도 책을 읽는 사람들이 조금씩 줄어드는 느낌이다. 수치만 봐도 나온다. 문체부에서는 2년마다 독서 실태를 조사한다. 2021년에는 아래와 같이 조사를 했다.

이에 대한 결과를 보기 전에 자신의 독서량을 한번 답해 보자. 당신은 1년동안 몇 권의 책을 읽었는가. (　　)권. 2019년에 결과에도 놀랐지만 2021년은 현저하게 떨어졌다. 성인 기준으로 종이책 2.7권, 종이책+전자책 4.2권, 종이책+전자책+오디오북 4.5권이다.

(조사 목적)	국민의 독서율, 독서량, 독서 시간, 독서 행태 및 독서 관련 항목을 조사하고 연도별 변화 추이를 비교·분석함으로써, 독서문화진흥 정책 수립 시 기초 자료로 활용
(조사 주기)	격년/ 국가승인통계 제113018호
(조사 시기)	2021. 9. 1. ~ 2021. 11. 12.
(조사 규모)	총 9,320명(성인 남녀 6,000명, 학생 3,320명)
(조사 방법)	구조화된 설문지를 이용해 성인은 가구 방문 1:1 개별 면접조사, 학생은 학교방문 자기 기입식 조사
(연구/조사기관)	(재)한국출판연구소/(주)현대리서치연구소
(조사 설계)	- 조사 대상 : 성인(전국의 만 19세 이상 남녀), 학생(전국 초등 4~6학년 학생, 중학생, 고등학생) - 조사 지역 : 전국 17개 시·도 - 조사 항목 : 독서율, 독서량, 독서시간, 독서 장애요인 등 - 표본 오차 : 95% 신뢰 수준에서 성인 ±1.27%, 학생 ±1.79%
(주요 조사 내용)	- 독서율 : 지난 1년간('20년 9월~'21년 8월) 일반 도서(교과서, 학습참고서, 수험서, 잡지 제외한 종이책, 전자책, 오디오북)를 읽은 사람의 비율 - 독서량 : 지난 1년간('20년 9월~'21년 8월) 일반 도서(교과서, 학습참고서, 수험서, 잡지 제외한 종이책, 전자책, 오디오북)를 읽은 권수 - 독서 시간 : 하루 중 종이책, 전자책, 오디오북을 포함하여 일반 도서를 읽은 시간 ※ 독서 시간은 평일 독서 시간과 주말/공휴일 독서 시간으로 구분됨

독서실태조사 기준

(출처 : 문화체육관광부)

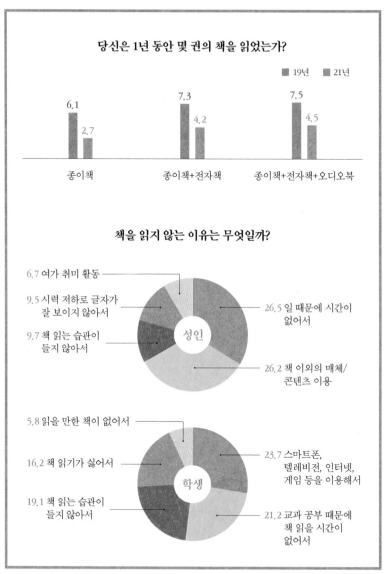

당신은 1년 동안 몇 권의 책을 읽었는가?

■ 19년　■ 21년

종이책
6.1
2.7

종이책+전자책
7.3
4.2

종이책+전자책+오디오북
7.5
4.5

책을 읽지 않는 이유는 무엇일까?

성인

6.7 여가 취미 활동
9.5 시력 저하로 글자가 잘 보이지 않아서
9.7 책 읽는 습관이 들지 않아서
26.5 일 때문에 시간이 없어서
26.2 책 이외의 매체/ 콘텐츠 이용

학생

5.8 읽을 만한 책이 없어서
16.2 책 읽기가 싫어서
19.1 책 읽는 습관이 들지 않아서
23.7 스마트폰, 텔레비전, 인터넷, 게임 등을 이용해서
21.2 교과 공부 때문에 책 읽을 시간이 없어서

독서실태 결과

(출처 : 문화체육관광부)

이 도표는 2019년과 2021년 연간 성인 독서량를 비교한 것인데 줄어드는 것이 현저히 보인다. 연간 독서량이란 지난 일 년간 교과서, 학습참고서, 수험서, 잡지, 만화 등을 제외한 일반 도서를 읽은 권수다. 요즘 종이책을 읽기도 하고, 전자책을 읽고, 오디오북을 듣기도 하는 등 다양한 방법으로 독서가 이루어진다. 그러한 독서량 수치를 더해 봐도 그 비율은 과거보다 현저히 줄어들고 있다.

이런 질문을 할 수 있겠다. 책을 읽지 않는 이유는 무엇일까? 다양한 이유가 있겠지만 성인의 경우 '일 때문에 시간이 없어서', '책 이외의 다른 콘텐츠 이용'이 가장 많았고, 학생의 경우 '스마트폰, 텔레비전, 인터넷, 게임 등을 이용해서'라는 이유가 많았다. 수긍이 간다. 나역시 그런 이유로 그동안 책을 멀리한 삶을 살아왔기 때문이다.

독서의 중요성을 누구나 알지만, 누구나 실천하지 못한다. 나는 그래서 '연평균 독서량 100권이 되기 위한 독서 동기부여가'의 꿈을 갖게 되었다. 이 꿈을 꾸면서 내가 하는 첫 번째 행동은 주변에 내 꿈을 자주 드러내는 것이었다. 블로그 소개 글부터 '우리나라 성인 연평균 100권 독서를 목표로 독서 동기부여가 꿈인 사람'이라고 바꾸었다.

집 거실에 있는 보물 지도도 동시에 바꾼다. 독서 대가의 사진들을 컬러로 인쇄하여 사진 밑에 '독서 동기부여가'라고 쓰고 거실에 게시하고 매일 본다. 그리고 그 꿈을 이루기 위해 지금 내가 할 수 있는 것이 무엇이 있을까 생각하고 하나씩 실천한다.

교사를 위해서 어떻게 하면 좋을까?

학부모를 위해서 어떻게 하면 좋을까?

학생들을 위해서 어떻게 하면 좋을까?

나 자신을 위해서 어떻게 하면 좋을까?

각자의 환경과 특성, 생각들, 경험 등 각자의 위치에서 할 수 있는 것들을 고민하여 연대를 조성한다. 혼자 하면 쉽게 포기할 수 있기에 함께함으로 오랫동안 유지할 수 있고, 자신의 삶에 체득화가 되면 홀로서기를 할 힘이 생긴다. '왜'와 '어떻게'의 조합만 꾸준히 질문해도 방법은 자연스럽게 따라온다. 이 책을 읽다 보면 그 방법도 만날 수 있으니 계속 따라오길 바란다.

★ keyword 15 독서

성공자 마인드를 내것으로 만드는 통로

성공하고 싶은가? 누구나 성공하고 싶어한다. 나 역시 성공에 대하여 관심이 많다. 그동안 성공이란 것을 추구하기 위해 다양한 것들을 많이 했다. 초등학교 5학년 때 신문 배달을 시작으로 초등학교 6학년 때 지하 자그마한 장난감 공장에서 메칸더 V 날개를 끼우고 한 시간에 1,000원 벌기, 중학교 1학년 때 찹쌀떡 한 팩을 800원에 구매해서 2,000원에 팔아서 이윤 1,200원 남기기, 고등학교 때는 초등학교

앞에서 태권도장 홍보하기, 유명 가수 콘서트 홍보하기였다. 대학생 시절에는 과외, 일용직 노가다, 음식점 알바 등이었다.

다양한 루트를 통해 나름 성공의 공식(?)을 스스로 정립하면서 소소하게 만들어 가기 시작했다. 지금 돌이켜보면 경험만으로 성공자의 길을 가려고 열심히 노력했던 시절이다.

롤모델의 부재라면

아쉽게도 그때는 본받고 배울 누군가가 주변에 없었다. 그렇다고 누군가에게 조언을 구할 만큼 배짱도 없었다. 그래서 혼자서 고민하고 혼자서 이것저것 해봤던 것은 아닐까? 그 시절을 후회하는 것은 아니지만 아쉬운 것이 있음을 깨닫기까지는 오랜 시간이 걸리지 않았다. 내 주변에서 꼭 찾을 필요가 있었을까? 지금의 생각을 지닌 채 과거로 돌아간다면 나는 어떠한 방법으로 성공자의 길을 가기 위해 노력하고 있을까?

어쩌면 롤모델은 쉽게 찾을 수 있었다. 어디서 찾느냐? 주변에 닮고 싶은 사람이 있으면 좋지만, 그렇지 못한 경우가 많다. 그렇다고 슬퍼하지 않아도 된다. 바로 책에 내가 닮고 싶은 롤모델이 존재하기 때문이다.

지난 학창시절, 평범하지 않은 시간을 보냈다. 가정도 경제적으로 힘들었고, 개인적으로도 세상 일을 전부 짊어진 사람처럼 인생이 쉽지 않음을 어렸을 때부터 깨달았다. 내가 할 수 있는 최선의 일이라곤 그저 묵묵히 공부하는 것이었다. 교과서와 문제집을 통해 성적이 미래의 성공을 가져다줄 것이라고 믿었던 나는 열심히 읽고 쓰기를 반복했다.

학창시절에 책과의 만남은 그것이 전부였다. 다행히 대학교에 턱걸이로 붙을 수 있었다. 합격자 오리엔테이션(OT) 가기 전날 합격자 통보를 받았고, 대학생이 된 나는 성적에 얽매이지 않는 삶을 살 수 있었다. 책과는 이제 안녕을 외치며 철저히 외면했다.

그렇게 수년의 시간이 흘렀고, 서른두 살에 우연히 읽은 책 한 권으로 '진짜 독서 인생'을 만날 수 있었다. 후기를 읽어 보니 많은 사람을 독서 삶으로 이끌어준 책이었고, 당시 특별히 관심갖던 일이 없었던 나로서는 책 한번 읽어 보자는 생각으로 펼치기 시작했다.

책 속에 나온 〈100일 동안 33권 읽기 프로젝트〉는 나에게 이런 말을 하는 것 같았다. '100일만 자신의 삶에 책을 투입해 봐. 100일 이후 어떻게 삶이 변할지 기대해 보렴.' 내용이 재밌었기에 하루 만에 다 읽었다. 생전 처음 책이 재밌다는 것을 느꼈다. 책으로 성공할 수 있다는 것도 신기했다.

성공에 관심이 많았던 나는 책 속에서 하라는 대로 따라하기로 결심한다. 말하는 요지는 간단하다. 책 속에서 얻은 영감을 삶에 하나씩 적용해서 그 성취감을 누적시켜 나간다는 내용이었다. 처음에는 왜 책을 읽어야 하는지 공감되지 않았는데, 그 뒤로 지속해서 손에서 책을 펼치고, 밑줄 긋고, 책에서 생각나는 것을 적고, 실천에 옮기기 시작하니 조금씩 내 삶에 자신감이 생기게 되었다.

그때 알았다. "아~ 책을 왜 읽어야 하는지 이제야 알았어." 세상에 나! 내 입에서 이런 고백이 나올 줄이야. 그저 책이 좋았다. 그리고 더 깊이 있게 알게 된 사실은 내가 겪은 고초는 책 속에 나온 수많은 사람에 비하면 새 발의 피였다는 사실이다.

이런 마음이 들었다. 그들이 해냈다면 나도 할 수 있다! 성공적인 삶을 이뤄낸 그들과 나의 차이점은 그들은 그런 어려움을 극복하기 위해 상상 이상의 노력을 했고, 그들에 비하면 나는 노력의 반의반도 하지 않았다는 것이다.

성공자 마인드 구축하기

그저 책을 즐겨 읽다가 어느 정도 쌓이면서 서서히 책 속에서 말하는 성공의 씨앗이 내 마음에도 심어지고 있었다. 성공자 마인드를 조금씩 장착하기 시작했다. 책 속에 제시된 추천도서 목록을 하나씩 읽어 나갔다. 어떤 책을 읽어야 할지 모르던 나에게는 단비 같은 목록이었다. 무엇보다 든든한 지원군인 아내와 함께여서 혼자 하는 것보다 훨씬 재밌게 할 수 있었다.

초반에는 혼자 하다 보면 쉽게 포기할 수 있으니 독서 동지와 함께 하는 것이 좋다. 지나고 나서 보니 나는 독서하기에 매우 좋은 환경을 갖고 있었다. 퇴근 후 충분한 내 시간이 있는 직업군이었고, 함께하는 독서 동지, 활성화된 지역 도서관, 학교 안에 있는 다양한 책 등 내가 원하기만 하면 언제든지 책을 펼쳐 들 수 있는 환경에 속해 있었다.
앞서 읽었던 책 속에 제시된 도서 목록이 그렇게 반가울 수 없었다.

- 독서습관 만들기 프로젝트 도서 33권
- 긍정적 사고를 위한 도서 19권
- 자기계발, 시간 관리 도서 20권
- 업무 도서 20권
- 공부법, 독서법 도서 20권
- 인생, 꿈 찾기 도서 20권
- 성공, 부자, 재테크 도서 21권

특히 독서법 관련된 책을 읽다 보면 저자들이 공통으로 이야기하는 저서를 꾸준히 따라갈 수 있었다. 그들이 제시한 그 글을 나는 의심 없이 한 걸음씩 전진했다, 이미 닦아 놓은 그 길을. 책은 잘 닦여진 고속도로 같았다. 내가 가고자 하는 방향을 찍으면 그들이 앞서 걸어온 길이 흔적이 되어 고스란히 책 속에 담겨 있었다.

그렇게 나는 책 읽기 전과 책 읽은 후로 나뉘는 삶을 서서히 살아갈 수 있었다. 삶에 대한 용기가 생겼고, 과거 '부정했던 나'를 긍정적인 시각으로 바라보면서 내 생각과 행동은 조금씩 성공자 마인드의 삶으로 변하기 시작했다. 그와 동시에 지금껏 꿈꿔 보지도 못했던 '바라는 삶'도 생기고, 그 꿈에 부합된 롤모델도 만날 수 있는 용기를 지니게 되었다. 바로 책을 통해서, 또 실질적인 만남을 통해서!

밀알샘 자기경영 노트

"어떤 것을 좋아하세요?"

"꿈은 무엇인가요?"

"어떤 삶을 살고 싶으세요?"

"그것을 이루기 위해 지금 어떤 노력을 하고 있나요?"

우리가 어렸을 때 자주 듣던 그런 질문들이다. 연수를 가서 강의하면서 이와 같은 질문을 던지지만 의외로 제대로 대답하는 사람은 많지 않았다. 물론 과거의 나도 이런 질문을 받았다면 머리를 긁적이며 그저 열심히 살고 있다고 이야기했을 것이다.

그만큼 우리는 열심히 살고 있지만, 어떤 방향도 없이 맴도는 삶을 살아간다. 그때마다 몽테뉴는 바람은 목적지가 없는 배를 밀어주지 않는다고 말했다. 여러분은 어떤 목적지를 갖고 있는가? 그곳을 가기 위해 바람이 도와줄 것이다. 바람을 얻는 방법은 의외로 간단하다.

1. 관심 분야에 대한 저명한 관련 도서 10권을 선정한다.

2. 책을 읽으면서 내 삶에 적용할 것들을 정리한다.

3. 한 번 읽기보다는 10번 읽는다는 각오로 반복 독서한다.

4. 롤모델을 정하고 롤모델이 쓴 책이 있다면, 책에 쓰인 이메일로 편지를 보낸다. 그를 만나면 더욱 좋다.

5. 저자가 꿈을 이루기 위해 적용했던 방법을 내 삶에 적용한다.

6. 관심 분야를 서서히 넓혀 가면서 위와 같은 방법을 활용한다.

7. 언젠가 내 뒤를 따라오는 사람이 생기거든 롤모델에게 받은 사랑을 나눠준다.

어떤가? 생각보다 쉽다. 중요한 것은 여러분이 이루고자 하는 꿈을 이미 이룬 사람이 분명히 존재한다는 점이다. 그들은 다양한 루트를 통해 우리에게 그들의 메시지를 전하고 있다. 요즘같이 콘텐츠가 풍성한 시대가 있었을까? 많아도 너무 많다. 우리는 그저 그들을 만나기 위해 키보드 자판에 이름만 입력해도 수많은 모델을 만날 수 있다.

또 감사하게도 이미 관련 도서를 책으로 남겼다. 2만 원도 안 되는 돈으로 그들의 수십 년의 노하우를 배울 수 있으니 시행착오를 상당히 줄일 수 있다. 과거 실수를 많이 했는데 내가 실수한 것들이 책에 고스란히 나올 때는 책을 부둥켜안고 이렇게 고백한다. "이제라도 알게 돼서 감사합니다."

나는 이것을 '성공자 독서'라고 칭한다. 성공자들의 마인드를 그대로 흡수하는 것이다. 한 권을 읽고 씨앗을 심는다는 마음으로 물을 주고, 싹을 틔우며, 열매를 기대하며 내 삶에 하나씩 적용해 본다. 감사하게도 막연했던 삶이 희망이 가득한 삶으로 점차 바뀌는 것을 보면서 삶에 대한 자신감은 물론 나를 대하는 자존감, 자아효능감까지 극대화할 수 있다. 어떤 일이 닥쳐도 그것을 해결할 수 있는 문제해결력까지 생기는 것은 덤이다.

책의 힘이 느껴지는가? 머리로는 알지만 실천이 어렵다? 맞다. 그래서 주변을 보면 독서를 하라고 하는 사람들은 많지만 정작 책을 읽는 사람을 찾기가 쉽지 않은 이유이기도 하다.

독서를 잘하고 싶은가? 그럼 독서법 관련 책을 수십 권 읽어 보자.

책 쓰기를 하고 싶은가? 그럼 책 쓰기 관련 책을 수십 권 읽어 보자. 그림책에 대해서 더 알고 싶은가? 그럼 그림책에 관해서 연구해서 쓴 저자의 책을 수십 권 읽어 보자. 진로에 대해 고민이 되는가? 그럼 진로 관련 책을 수십 권 읽어 보자. 나 자신이 너무 초라해 보이는가? 그럼 '나'에 대해 쓴 책을 수십 권 읽어 보자. 돈을 많이 벌고 싶은가? 그럼 돈 관련 책을 수십 권 읽어 보자. 유튜버가 되고 싶은가? 그럼 그와 관련된 책을 수십 권 읽어 보자.

중요한 것은 책을 읽었다는 행위가 아니라 그것을 자신의 삶에 적용하는 행동이다. 모든 책에서 말하는 것을 다 적용할 수는 없다. 내 지금 상황에 맞는 적절한 해법을 책 속에서 발견할 수는 있다.

우리 학교의 독서 모임 〈다독 다독〉에서 100일 독서를 시작한 지 얼마 안 되었을 때 한 학부모님께서 이런 고백을 하셨다.

"이제라도 책을 만나서 너무 좋아요. 그동안 제가 고민했던 문제들이 책 속에 거의 다 있네요. 신기합니다. 앞으로도 계속 책 읽고 실천하는 삶을 살아가고 싶습니다."

독서를 시작한 지 두 달이 지나서는 또 다른 이야기를 들을 수 있었다. 책이란 것이 참으로 사람을 변화시키는 놀라운 재주가 있나 보다. 이런 고백을 하셨다.

"100일 동안 33권의 책 읽기 프로젝트! 두 달이 조금 넘는 시간 동안 나는 39권의 책을 읽었다. 너무 뿌듯하다. 꾸준히 독서를 유지해 온 나에게 '잘했어'라고 스스로 칭찬한다. 책을 전혀 읽지 않은 내가 이렇게 독서를 하다니 신기할 따름이다. 책을 읽는 동안 새벽 기상을 할 만큼 나에게 많은 변화가 생겼다. 자신감도 자존감도 올라갔다. 이제 독서 습관이 잡혀서 매일 책을 읽는다. 책 읽는 속도도 빨라졌다. 인상 깊었던 책은 다시 읽어볼 예정이다. 책을 왜 이제야 읽게 되었는지 후회가 되는 요즘이다. 독서의 세계로 인도해 주신 독서 멘토님께 너무 감사드린다."

닉네임 '하모마마'로 활동하는 김예화 님은 이렇게 독서를 통해 또 다른 세상으로 나아가고 있다. 당신도 책과 친해졌으면 좋겠다. 책 속에 보물이 숨겨져 있다. 『난쟁이 피터』에는 독서에 대한 딱 어울리는 러셀의 표현이 있다.

"독서란 일종의 숨은그림찾기 같은 거야. 똑같은 책을 읽어도 그 안에 담긴 진리를 보는 사람이 있고, 보지 못하는 사람이 있거든. 행간에 숨은 뜻을 찾는 게 독서의 참 재미란다. 그래서 다양한 분야의 책을 많이 읽어야 해. 많이 읽다 보면 마법처럼 네 눈에 들어오는 '어떤 이야기'가 있을 거야. 그 이야기가 너의 숨은 재능, 관심, 희망, 미래, 꿈에게 말을 걸게 될 거야."[9]

성공자들의 마인드를 성공자 독서로 만나 보자. 그들은 단지 당신이 책을 펼쳐 들기를 기다리고 있을지도 모른다. 책 속에서 숨은그림을 찾는 심정으로 하나하나 읽어 보아라. 우연히 펼친 책 속에서 발견

---

9) 호아킴 데 포사다, 데이비드 림 지음, 최승언 옮김, 마시멜로, 재인용

하지 못한 목적지를 발견할 수 있을지도 모른다.

분명히 존재한다. 여러분 삶의 터닝포인트를 위한 단 한 권의 책이!!! 파브르는 "누구에게나 정신에 한 획을 그어주는 책이 있다."라고 했다. 그런 책을 만나기를 바란다.

★ keyword 16 기록

블로그에 생각을 담았더니

2016년 1월 22일 블로그에 첫 글을 올렸다. 그전까지는 기록하는 것에 대해서 재미도 없고, 바쁘다는 핑계로 전혀 하지 않았다. 사실 기록을 해야겠다는 생각조차 하지 못했다는 것이 적합한 표현이다. 다양한 책 속에서 빠지지 않았던 것이 바로 기록이었기에 그냥 한번 흉내라도 내볼까 하는 심정으로 블로그 관리 버튼을 눌러서 카테고리를 만들기로 했다. 그동안 다이어리를 사 놓고 10분의 1조차도 써 보지 못한 1인으로서 이 첫발은 어찌 보면 대단한 것이었다.

어떤 것을 만들지? 내가 추구하는 것이 뭘까? 곰곰이 고민을 해 보니 그 무렵에는 그나마 관심 갖고 있었던 것이 독서였기에 책 속의 좋은 문장이라도 기록하자는 심정으로 카테고리 하나에 '책 속의 명문장' 섹션을 만들었다. 드디어 기록하는 삶의 여정을 향한 첫 삽을 뜬 셈이다.

10일 동안은 책 속 좋은 문장을 골라 꾸준히 올렸다. 시간이 지나면서 웬걸, 욕심이 난다. '감사 일기'가 쓰고 싶었다. 당시 세 살배기 쌍둥이 육아를 하고 있었던 나는 아이들의 성장 일기를 쓰고 싶은 충동감이 들었다.

아이들은 하루가 다르게 쑥쑥 자라고 있었기에 언제든지 꺼내볼 수 있도록 사진과 그날의 감성을 남기고 싶었다. 바로 카테고리를 개설한다. 이번에는 '쉬운 육아' 섹션이었다. 오해가 없길 바란다. 말이 씨가 된다고 육아를 계속 힘들다 힘들다 하면 정말 힘들어지기에 반어법을 쓴 것이었다.

블로그 글을 쓰다 보니 재밌었다. 다른 것보다 아이들 사진을 찍고, 올리며, 기록하는 과정에서 피곤하다는 이유로 보지 못한 아이들의 미소를 볼 수 있었다. 줌을 활용해서 크게 본다. 이쁘다, 한없이 이쁘다. 피곤했던 내 마음도 오롯이 녹일 수 있는 소중한 미소이다. 그렇게 하루, 이틀, 사흘, 나흘…. 기록의 맛이 조금씩 느껴지기에 서서히 단순한 ○○했다 식을 넘어 내 생각이 들어간 짧은 단상을 하나씩 탄생시킨다. 뿌듯하다. 전에 느끼지 못한 희열이다. 나도 살아있다는 느낌이 든다. 그때 『엄마 냄새』[10]를 읽고 블러그에 쓴 글이다.

이 책은 심리학자이자 엄마로서 20년의 연구와 경험으로 만들어진 책이라

---

10) 이현수 지음, 김영사

서인지 고개를 연신 끄덕이게 만드네요. 그래서 진도가 잘 나가지 않지만 너무나 알아야 할 것들, 가슴속 깊이 새겨야 할 것들이 많아서 너무 좋다는 책 중 하나입니다. 임신하신 지인 분들께 이 책을 선물해 주고 싶네요. 벤틸레이션(ventilation)이란 '환기'라는 뜻으로 굴뚝 청소를 떠올리면 되는데, 아이들의 꽉 막힌 감정을 그때그때 뚫어주어야 탈 없이 자랍니다. 동양권에서는 감정을 발산하는 것을 경망스럽다고 여기기도 해서, 감정을 억누르기를 강요합니다.

우리 세대가 이렇게 교육을 받은 것 같습니다. 그래서 착하게 살라고 강요받았고요. '착하다'라는 표현은 정말 좋은데 그러한 삶을 강요당하다 보니 정작 내 감정은 고스란히 내 가슴속을 더욱 아프게 병들게 해서 결국 푸름이 아빠가 이야기하는 '내면 아이', '내적 불행' 이무석 박사님께서 이야기하는 '마음속 아이'로 자리잡기도 했습니다.

그래서 심리치료를 할 때는 반드시 내면 아이와 직면하게 되는데 그를 반드시 발견하고 그 아픔을 토해 내게 해서 치료를 하는 것입니다. 이 책에서 말했듯이 '정숙'이란 말을 좋아하는 동양권에서는 정말 벤틸레이션을 하지 못할 때가 많습니다. 아이 성장에 중요한 부분인데도. 그래서『착하게 키우지 마라』라는 책도 나왔겠지요.

'착하게 키우지 마라'는 그런 감정 표현의 중요함을 말하지 않았을까 추측해 봅니다. 내면 아이는 누구나 갖고 있습니다. 다만 그것이 전수된다는 것이 아플 뿐이지요. 부모의 내면 아이는 아이에게, 교사의 내면 아이는 학생에게, 남편의 내면 아이는 아내에게, 상사의 내면 아이는 부하 직원에게. 그래서 내면 아이 극복이 어쩌면 결혼 전에 해야 하는 급선무일지도 모릅니다. 혼수, 예단 등 이런 것들이 아닌 내면 아이 발견, 치유. 그래서 히틀러의 내면 아이가 제2차 세계대전, 유대인 학살 등 엄청난 재앙을 일으키고, 독일 국민들을 잠시나마 히틀러의 내면 아이로 물들게 하지 않았나 생각해 봅니다.

푸름이 아빠인 저자 최희수는 『내면 여행』에서 결혼에 관해 이야기했습니다. "결혼은 두 사람이 하는 것이 아닙니다. 남편과 남편의 내면 아이, 아내와 아내의 내면 아이까지 네 사람이 하는 것이지요." 성장하는 아이에게 주기적인 벤틸레이션 정말 중요하지 않을까요? 먼저 거울 앞에 있는 저의 굴뚝을 청소하고 싶은 하루입니다.

블로그가 아니었다면 과연 이런 글을 쓸 수 있었을까. 글을 완성하고 발행 버튼을 누르니 누군가 공감 버튼을 누르고, 누군가 댓글을 써준다. 신기하다. 내 생각을 끄적끄적했을 뿐인데 반응을 해주다니. 반응해 주신 분이 궁금해서 나도 들어가 본다. 좋은 글이 많다.

나와 관심사도 비슷하다. 서이추(서로이웃추가) 버튼을 누른다. 이제 이웃이다, 온라인 이웃. 한 명씩 늘어난다. 묘하게 기분이 좋다. 100명을 넘어, 어느덧 500명, 1천 명, 이 글을 쓰는 지금 7천 명이 넘었다. 블로그 덕분에 소통의 장이 주변을 넘어 세계까지 가능하게 된 지금 세상이다.

블로그를 하면서 삶이 정리되어 보였다. 이것도 쓰고 싶고 저것도 쓰고 싶고, 쓰고 싶은 것이 점점 많아져 다이어리에 순간을 잡은 키워드들이 쌓인다. 개인 시간이 주어졌을 때마다 꺼내 글을 쓴다. 짧은 글도 있고, 긴 글도 있다. 때로는 그런 글들이 모여 책이 된다.

책을 쓸 때 그대로 복사 붙이기보다 편집 과정을 거쳐서 원고답게 바꾸기도 한다. 글쓰는 소재는 무궁무진하다. 블로그를 잠깐 들여다 보아도 그날의 생각을 오롯이 담을 수 있기에 참 좋은 세상에 살고 있다고 감사함을 연신 고백하고 있다. 나같이 손 글씨 쓰기를 힘들어하는 사람에게는 블로그가 딱이다.

블로그에 하나씩 끄적끄적하다 보니 감사 일기, 교실 이야기로 연결이 되었고, 미라클모닝 필사를 하면서 글쓰기를 폭발적으로 하게 되었다. 생각지도 못한 연결이 여기서 나온다. 처음부터 엄청난 큰 목표가 있었던 것이 아니다. 그저 나의 삶을 내 생각을 기록하고 싶었을 뿐인데, 지금은 그것이 내 삶의 중심이 되어 많은 것을 연결해 주고 있다.

기록이 글쓰기로 연결된 것도 감사한데, 글쓰기가 책 쓰기까지 연결이 되었다. 내가 블로그를 하지 않았다면 책 쓰기까지 도전하지 못했을 것이다. 바로 책 쓰기를 한다고 하면 누구나 손을 절레절레 흔들 테지만 블로그에서 글력을 어느 정도 쌓다 보니 이런 생각이 들었다. '나도 쓸 수 있겠는 걸.' 글쓰기에 자신감이 생기면서 누가 시키지 않아도 매 순간 글을 쓰고 있다. 학교 다닐 때는 쓰라고 해도 쓰지 않던 나였는데. 줄곧 이렇게 이야기를 한다.

"세상에 좋은 글, 나쁜 글은 없다고 봅니다. 쓴 글과 쓰지 않은 글이 있을 뿐이죠. 여러분의 이야기를 글로 표현해 보세요. 소설처럼 창작하라는 말이 아닙니다. 그저 자기 생각을 무의식적으로 손가락 끝을 믿고 타이핑하는 것입니다. 한 단어, 한 문장이 모여 한 주제의 글이 완성되고, 그런 글들이 어느 정도 모이면 출판할 만큼 원고량이 쌓이게 됩니다. 이제 다듬으면 되겠죠. 그렇게 시작하면 됩니다. 어찌 보면 글이란 것이 누구나 안에 있는 것을 꺼내면 되는 것이었음을 알게 되었습니다. 자신의 이야기를 믿고 꾸준히 써 보세요. 글은 그렇게 완성이 되어 가는 과정입니다."

쓰다 보면 알게 된다. 나도 참 할 이야기가 많다는 것을 말이다. 자기 생각을 블로그에 담아 보라. 꼭 블로그가 아니더라도 요즘 쓸 공간은 넘쳐난다. 나만의 이야기 통로를 한 군데 만들어 보고, 그곳에 차곡차곡 곡식을 쌓는다는 생각으로 글 곡식을 쌓아 보라. 어느 정도 쌓이다 보면 곳간이 넘쳐 나서 내 안에도 이런 보물이 있었다는 것을 알게 될 것이다. 당신의 곳간이 자못 궁금해진다.

★ **keyword 17 관점**

어디나 '에드와르도'가 존재한다

학급 말썽꾸러기들을 말하는 호칭이 있다. VIP라고 하는데 관심도가 몇 배나 되는 친구를 말한다. 놀랍게도 어느 반이나 VIP가 존재한다. 새 학년을 맞이한 첫날부터 선생님들은 그 VIP의 존재를 어렵지 않게 발견하곤 한다.

말썽꾸러기라고 칭하기보다 VIP(Very Important Person, 매우 중요한 사람)라는 칭호가 반갑기도 하다. 이쁜이, 귀요미, 사랑이라고 표현하기도 한다. 사랑을 듬뿍 주고자 하는 어감이 느껴지기 때문이다. 하지만 일당백이라는 말이 있듯이 VIP를 만나면 자주 쉽지 않은 하루가 흘러간다.

지금까지 18년 동안 VIP 친구들을 만나면서 중요한 사실 한 가지를 발견한다. 그것은 그들도 다른 친구들과 똑같이 하나의 인격체로 존중받고 인정받기를 원한다는 점이다. 교사인 내가 그들에게 해줄 수 있는 최고의 선물은 존중하는 말과 행동이다. 이 둘만 잘 활용해도 어느 순간 그들도 학급 아이들 속에 파묻혀 보통의 아이들과 잘 어울리는 것을 볼 수 있다.

학기 초 아이들에게 읽어주는 책이 있다. 이 책 속에는 한 아이가 나온다. 어디에서나 볼 수 있는 말썽꾸러기다. 주인공에게는 이런 특징이 있다. 다른 사람의 물건을 바로 걸어찬다, 시끄럽게 떠든다, 어린아이들을 못살게 군다, 동물들을 괴롭힌다, 어지럽힌다, 지저분하다 등. 그런데 놀랍게도 누구에게나 보이는 단점을 다른 관점으로 해석하면 장점으로 승화된다. 바로 이런 식이다.

- 화분을 발로 찬다. → 정원을 잘 가꾸고 있구나.
- 지나가는 개에게 물을 끼얹는다. → 개를 씻겨 줬구나.
- 물건들을 창밖으로 던진다. 마침 창밖 짐차에 물건들이 차곡차

곡 쌓인다 → 가난한 사람들에게 나눌 수 있게 되었구나.

- 지저분하게 놀고 누군가의 도움으로 목욕도 하고 옷도 빨아서 학교를 간다. → 깨끗하고 단정한 아이구나.
- 어린 동생을 세게 민다. 마침 전등이 동생 앞으로 떨어져 사고를 면한다. → 동생을 안전하게 돌보는구나.
- 시끄럽게 떠들어서 말 안듣던 사자들이 우리로 잘 돌아간다. → 사자 다루는 솜씨가 제법이구나.

책 속에서는 이처럼 다양한 이야기로 풀어 가다가 마지막 한 문장으로 완성된다. "에드와르도는 세상에서 가장 사랑스러운 아이야." 그렇다. 관점을 어떻게 달리하느냐에 따라 단점이 장점이 되는 경우다. 그림책 『에드와르도』를 읽어주고, 아이들과 장점 찾기 프로젝트를 하면 사뭇 달라진 반응들이 보인다.

나는 VIP 친구들과 나름으로 관계가 좋다. 그들을 문제아로 보기보다 하나의 인격체로 존중하다 보니 그것이 좋은지 그들과 라뽀(rapport)를 형성한다. 부족한 것이 잘 보이는 친구들이다. 하지만 그들에게도 잘하는 것이 있다. 그 시점을 포착하고 때로는 격한 칭찬과 격려를 아끼지 않는다.

다른 학급 VIP에게도 똑같이 대한다. 솔직히 우리 반 챙기기도 바쁜데 다른 반 아이들은 이름을 들어도 쉽게 잊곤 한다. 하지만 괜찮다. 그들의 존재를 모르고 대하다 보니 오히려 편하다. 식사하기 위해

급식실에 줄을 서다 보면 우리 반 앞에 있는 다른 반 아이들과 마주하게 된다. 뒷줄은 해당 반 선생님에게서 가장 멀리 떨어져 관리가 소홀하기에 아이들은 기회다 싶어 떠들곤 한다. 나는 그런 뒤쪽에 있는 친구들에게 말을 거는 편이다.

떠드는 친구들에게 이런 말을 하곤 한다. "우리 친구들 멋진 걸. 멋쟁이 1호, 멋쟁이 2호, 멋쟁이 3호. 조금만 목소리 낮춰주세요." 그러면 아이들 반응이 엇갈린다. "제가 좀 멋지긴 하죠." 이런 반응을 하는 아이도 있지만 "멋쟁이 아니예요."라고 격하게 거부하는 친구도 있다. 나중에 알게 된 사실은 거부하는 친구들 중 많은 이가 VIP라는 사실.

다른 사람으로부터의 호의를 거부하면서 방어기제가 다른 이들보다 발달해 있다. 예전의 나를 보는 것 같다. 그저 '감사합니다.' 하면 될 것을 격하게 반응한다. 나중에 같은 학년 모임을 하면 이런 말이 나온다고 한다.

"우리 반 ○○이가 김진수 선생님이 가장 좋대요. 자신을 멋있다고 했다면서 좋아하더라고요."

"아. 그렇군요. 그저 아이들이 귀여워서 마구 던지곤 합니다."

기분이 좋은지 나를 만나면 아는 체하는 친구들이 하나둘 늘어난다. 첫 발령을 받은 학교에서는 층마다 아이들과 인사를 나누는 내 모습을 보고 한 선생님께서 연예인 같다는 표현도 해주셨다. 맞다. 나는 연예인이다. 아이들과 연애하듯 즐거운 말을 달고 사는 연예인!

우리 대부분에게는 다른 사람에게 인정받고자 하는 욕구가 있다.

어찌 보면 사람의 본성이다. 이 본성을 살짝 건드려 줄 뿐이다. 이것을 위해 네 가지가 필요하다. 마음의 스킨십(그 아이에게 단 한 사람), 자신을 향한 긍정의 언어(장점 찾기), 타인을 향한 역지사지(진정한 배려), 할 수 있다는 믿음(자존감 찾기).

마음의 스킨십, 그 아이에게 단 한 사람

스킨십이라고 하지만, 누구나 하는 방법이다. 여학생에게는 주로 하이파이브나 주먹 인사를 하고, 남학생에게는 어깨동무를 한다든지 쓰다듬어주기, 원하는 친구에게는 포옹해 주기도 한다. VIP 친구일수록 100퍼센트는 아니지만, 가정의 결함(한부모 가정을 지칭하는 것이 아닌, 감정 결함 등)이 있다. 부모로부터 사랑을 듬뿍 받아야 할 시기에 그렇지 못한 경우가 많기에, 가정에서 받지 못한 애정의 일부가 전이되도록 스킨십을 한다.

스킨십이라고 해서 꼭 피부가 맞닿아야만 가능한 것은 아니다. 그 이상 중요한 것이 마음의 스킨십이다. 따뜻한 눈빛, 진심으로 이야기 들어주기, 긍정적 반응해 주기 등 마음을 안아준다. 편지를 써서 따뜻한 마음의 연결을 주는 방법도 좋다. 한 친구가 힘들어하는 모습에 포스트잇에 짧은 편지를 써서 초콜릿과 함께 가방에 살포시 넣었더니 돌아오는 것은 긴 장문의 편지와 나만을 위한 초코바를 포장해서 돌려받았다. 어찌 보면 마음의 스킨십이 두 사람을 이어주는 오작교 역할을 한다. 그 아이에게 단 한 사람이 되겠다는 마음으로 따뜻한 손길을 내밀어 보자.

자신을 향한 긍정의 언어, 장점 찾기

VIP 친구의 특징 중 한 가지는 세상을 향한 부정적인 말들을 내뱉는다는 점이다. 내가 만난 B도 세상의 모든 것을 '지옥'이라고 표현할 정도로 언어 사용에서 좋지 않은 에너지를 던진다. 이것이 먼저였다. 무엇을 표현할 때 긍정 언어가 나오도록 하는 것. 그러려면 자신을 향한 좋은 점을 발견하는 것이 먼저다.

"선생님, 저는 못해요."

"해보지도 않고 못한다고 하면 어떡해? 도전해 보자."

"아니에요. 보나마나 시간 아까워요."

받아쓰기 하는데 백지로 낸 친구와의 대화다. 받침 있는 것을 어려워하고 난독증도 있어서 학습은 물론 다른 활동에 대해 거의 '못해요'라는 말을 달고 산다. 그 친구에게 모든 것을 다 할 수 있는 능력자를 바라지 않는다. 그저 한 개부터 시작하게 하는 동기부여, 할 수 있다는 믿음을 주고 싶을 뿐이다.

받아쓰기 10개의 문제가 주어진 경우 그 친구는 1번~10번까지 한 번에 쓰는 것이 아닌 한 문장씩 쓰게 하고 평가한다. 모르는 글자는 '찬스'를 부여하여 5초간 살짝 볼 수 있는 특권을 준다. 물론 교사와 1 대 1로 할 때 우리 둘만의 약속이다. 눈이 급하게 돌아가는 소리가 들린다. 결국 한 번은 잘하고, 성취감이 있는 듯하다. 서서히 "못해요"라는 말보다 "할 수 있다"는 소리가 들린다. 자존감 온도는 이렇게 한 걸음 한 걸음 전진하면서 올라가는 법이다.

어느 날은 작가 초청 수업이 있어서 준비를 했다. 캐릭터 그리기, 편지 쓰기 등의 과제를 냈는데 B는 여느 때와 다름없이 관심이 없는 듯했는데, 아니었다. 무언가를 그리고 있다. 또 뒷면에 무언가를 쓰고 있다. 나에게 보여주기 부끄러운지 자꾸 가려서 살짝 비켜 보니 무언가 비밀리에 작업하는 모습이 보인다.

시간이 지나 완성이 되었는지 수줍게 작품을 내게 보여준다. 잘 그렸다. 그림 한쪽에 조그만 글씨가 보인다. '뒤쪽을 보세요.' 궁금해서 뒷면을 펼치는 순간 눈물이 나올 것만 같았다. '작가님, 감사합니다.'로 시작해 몇 줄의 편지글이 있다. 스스로 좋은 감정을 문장으로 표현해서 써 준 첫 순간이었기 때문이다. 나는 칭찬과 격려를 아낌없이 주고 또 준다.

매월 마지막 주에 모둠원들의 단합을 위한 시간으로 모둠 신문을 만든다. 한 달 동안 생활한 것을 아이들에게 알려주고, 신문에 들어갈 내용을 서로 협의하여 정한다. 나도 아이들이 필요한 것들을 바삐 제공한다.

"이번 한 달 동안에도 우리는 많은 것을 했어요. 혹시 컬러 사진이 필요한 친구들은 모둠별 상의해서 오세요. 선생님이 프린트해 주겠습니다. 그것을 토대로 신문을 잘 구성해 보아요."

B가 그날따라 바쁘게 움직인다. 이때만큼은 흑백이 아닌 컬러 사

진을 주기 위해 교실에서 10미터 정도 떨어진 교사 연구실 컬러 프린터를 활용한다. 인쇄 버튼을 누르니 B가 자신이 가져오겠다더니 이어서 사진을 해당 모둠으로 전달한다.

이날 수월하게 모둠 신문을 만들 수 있었던 것은 B 덕분이었다. 자청해서 우체부 역할을 하니 다른 모둠 아이들에게 많은 도움이 되었다. '나도 학급에 필요한 존재라고요.'라고 하는 듯한 그 친구의 목마른 외침이 마음속 깊이 느껴지기도 했다.

"우리 친구가 도와줘서 이렇게 멋진 신문이 만들어졌네요. 쉽지 않은 역할을 힘써 준 친구를 위해 박수를 보냅시다. 짝짝짝."

이날 이후로도 모둠 신문 만드는 날만큼은 누구보다 더 열심히 우체부 역할을 한다. 누군가에게 이바지한다는 느낌은 사람을 움직이는 동력이 된다.

타인을 향한 역지사지, 진정한 배려

이것이 가장 어렵다. 자신도 믿지 않는데 어떻게 타인을 배려할 수 있단 말인가. 물방울이 바위를 뚫는다고 하듯 포기할 수 없다. 지속해서 내적 변화가 일어나도록 어떤 문제가 발생했을 때 다그치기보다는 그 친구가 할 수 있다는 마음으로 타인을 배려할 수 있는 작은 실천부터 하려고 한다. 누군가와 다툼이 발생했을 때 나는 숫자를 활용한다.

"너의 행동에 1~10점 중 몇 점을 줄 수 있겠니?"

"… 2점이요."

"그렇구나. 2점은 잘한 거니, 못한 거니?"

"못한 거요."

"몇 점을 받고 싶니?"

"10점이요."

"10점을 받기 위해 어떻게 해야 할까?"

"친구를 배려해야 해요."

"배려하기 위해서 네가 할 수 있는 것은 무엇이니?"

"욕하기보다 좋은 말 하는 것이요."

"그렇지, 말한 대로 하면 돼. 우리 친구는 더 잘할 수 있단다."

화내지 않고 아이들을 지도하는 방법의 하나는 이렇게 숫자를 활용하는 질문을 통해서다. 어느 곳이나 '에드와르도'는 존재한다. 심지어 내 모습에도 수많은 에드와르도가 존재하지 않던가. 그것을 단점으로만 치부할 것이 아닌 장점으로 충분히 소화할 수 있다. 그들의 에너지 방향을 잘 조절해 보자. 모든 학급 아이들이 장점이 빛날 그 순간이 조금씩 펼쳐질 것이다.

★ keyword 18 관찰

선생님 사용 설명서

매년 마무리 활동으로 〈선생님 사용 설명서〉를 진행한다. 일 년 동안 학생의 관점에서 선생님의 모습을 적어 보는 수업이다. 선생님은 이럴 때 활짝 웃어요, 선생님은 이럴 때 화를 내세요, 선생님이 좋아하는 것, 선생님이 자주 하는 말과 행동, 선생님과 함께한 기억, 선생님의 좋은 점 등 다양한 모습을 8절지 안에 가득 담는 아이들의 수업 활동이다.

한 친구가 만들어 준 〈선생님 사용 설명서〉에 인상 깊은 말이 있다. '재능 찾기 달인이시니까 뭔가 자신 있거나 관심 있는 분야가 있다면 상담받아 보는 것도 좋다.' 맞다. 나는 아이마다 개개인의 장점과 재능이 있다고 믿는 1인이다. 그 누구에게나 장점과 재능이 있다는 것을 전제로 아이들을 바라보고 교육을 하고 있기에 기다릴 수 있는 여유가 있는 것이다. 내 마음 그대로 한 친구에게 다가간 것 같아서 더욱 감사한 한 해다.

은선(가명)이의 〈모닝페이지〉를 연다. 모닝페이지는 수첩을 활용해 매일 '내 마음의 두 줄'을 쓰는 공간인데, 이번에는 두 줄을 넘어 우리 반 아이들의 수만큼 빼곡이 기록이 되어 있었다. 자세히 보니 우리 반 모든 친구들의 이름이었다.

'우리 반의 장점'이란 제목으로 아이들 한 명 한 명에 대한 장점을 기록한 내용이다. 궁금하다. 한 명씩 천천히 정독해 본다. 친구 한 명 한 명에 대한 관찰력이 없었다면 적을 수 없을 텐데, 은선이의 관점에서 기록한 우리반 아이들의 장점이 가득하다.

처음부터 마지막까지 우리 친구들에게 강조하는 것은 바로 '가능성'이다. 친구들의 가능성을 은선이가 발견한 것이어서 내가 발견한 기쁨보다 더 큰 기쁨이 여기에서 오는 것 같았다. 당신은 어떤 재능이 있는가? 어느 분야에 관심이 많은가?

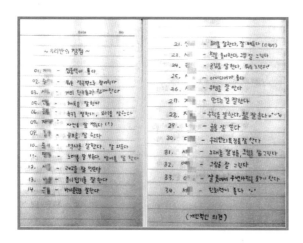

여기 한 친구를 소개한다. 소설가가 꿈인 선희, 나를 만나기 전부터 소설을 쓴 아이다. 내가 책 쓰기를 좋아하니 이 아이와 즐겁게 이야기를 나눌 때가 많다. 우리 학교가 평택에서 책 읽기 프로그램에 선정되면서 이명환 작가[11]와 만나는 기회를 얻게 되었다. 아이들과 함께 행복한 꿈의 날개를 펼친 시간이었다. 강연을 마치고 선희와 이야기를 했다.

"오늘 강연 어땠어?"

"너무 좋았어요. 꼭 소설을 완성해서 부모님을 기쁘게 하고 싶어요. 오늘부터 매일 글을 쓰도록 하겠습니다."

"그래. 선생님이 도와줄 테니 마음껏 써 보렴. 너의 꿈이 좋은 결실을 볼 테니. 자신을 믿고!"

"선생님, 고맙습니다."

선희의 모닝페이지가 나의 입꼬리를 웃게 한다. 작가님을 만난 그날 30분 동안이나 글을 쓸 수 있었고, 필력도 늘었다며 기뻐하는 선희! 그 아이에게 괴테의 문구를 적어 줬다. 선희에게 딱 어울리는 조언이었다. 스스로 응원도 하고, 괴테도 이렇게 응원해 주니 선희의 꿈이 벌써 이뤄진 것 같았다.

꿈을 품고 어떤 일을 할 수 있다면 지금 당장 시작하십시오. 당신이 꿈꾸

---

11) 『미장이』의 저자, 한솔수복

고 새로운 일을 시작하는 용기
속에는 당신의 천재성과 능력
과 기적까지 함께 숨겨져 있습
니다. - 괴테

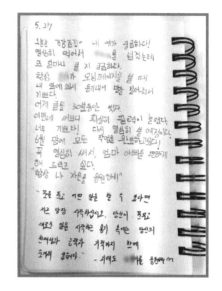

관찰은 내 수업의 전부다.
아이의 삶과 의미를 연결하는
관찰의 힘. 그동안 아이들을
바라보면서 저마다 자신만의
빛깔을 환하게 비추고 있다는
것이다. 내가 그것을 어떤 프레임으로 바라보느냐에 따라 그 친구는
자신의 색을 자신 있게 칠하기도 하고, 자신의 색을 찾지 못한 채 헤매
기도 한다. 온전한 자신의 강점을 색깔을 발견할 수 있도록 오늘도 아
이들의 삶에 들어가 함께 놀고 바라본다.

★ keyword 19 통찰

하루의 의미가 나의 역사

저자 박웅현의 『여덟 단어』는 거의 매년 1독을 거듭하는 책이다.
사람마다 자신만의 깊이 있는 키워드가 분명 존재하고, 그것을 내것으로 만드는 힘이 무엇인지 이 책 속에서 발견하게 된다. 그동안 이 책 속의 1강 '자존'을 만나는 데 시간을 들였지만, 재독에 재독을 거듭하면서 4강 '견(見)'에서 깊이 있는 만남을 하게 되었다.

> 아이디어는 깔려 있습니다. 어디에나 있어요. 없는 것은 그것을 볼 줄 아는 내 눈이에요. 창의력을 기를 수 있는 단 하나의 교실이 있다면 바로 현장입니다. [12]

내가 만난 '볼 줄 아는 내 눈'에 대하여 적어 본다. 책을 쓴 뒤로 강의를 많이 다녔고, 주로 선생님 대상이었다. 글쓰기를 이야기할 때 빠지지 않은 질문이 있었다. "교실 속에서 어떻게 글쓰기 소재를 발견하나요?" 나 역시 저자와 동일하게 이야기를 한다. "현장에 있습니다."

나는 그저 보고, 듣고, 경험한 것 중에서 포인트 하나에 나의 생각을 연결하여 쓰는 편이다. 글감은 교실에 넘쳐난다. 예를 들어, 한 친구가 만든 미술 작품을 보고 친구들 안에 빛이 있다는 내용을 쓰기도 한다. 〈찾아오는 도자기 체험〉을 통해서 '함께, 다르게'라는 글을 끌어내기도 하고, 한 친구가 아침마다 글을 쓰고 있는 모습을 통해서 글 삶에 대한 축복을 이야기하기도 한다.

『여덟 단어』에서 말하는 '견'을 만나면서 아이들의 세계에 조금씩

---

12) 『여덟 단어』, 박웅현 지음, 북하우스, 인용

빠져들게 되었다. 그 세계에서 보고, 듣고, 경험한 것이 글감이 되곤 하는데, 그것을 발견하는 시선이 있느냐 없느냐의 차이가 크다.

> 흘려 보고 듣느냐, 깊이 보고 듣느냐의 차이, 결국 생각해 보니 지금까지 나의 경쟁력이 되어준 단어는 '見'이었습니다. [13]

교실 속의 '견'을 만나게 된 계기가 있었다. 2016년 2월로 거슬러 올라간다. 앞서 출간된 책에도 이야기했지만, 이 사건은 교직 생활에 있어 터닝포인트가 된 사건이었다.

한 친구가 몽당연필을 깎아오고 나에게 보여주는 장면이 있었다. 평소에도 이런 일은 비일비재했지만, 당시 나에게 강하게 다가온 프란츠 카프카의 문장 '일상이 우리가 가진 인생의 전부다'가 마음속 깊은 곳에서 메아리를 칠 때 다가온 몽당연필은 그냥 연필이 아니었다. 한 아이의 일상이 묻어난 소중한 연필이었다.

순간 나는 교직 경력 11년 만에 최초로 교실 속 '견'을 만나게 된다. 가슴 깊이 아이들의 모습이 보이기 시작했기 때문이다. 눈물이 많이 났다. 그때의 떨림은 마치 만화책 『드래곤볼』에서 손오반이 악당 셀과 싸울 때 각성하면서 나타난 초사이어인 2단계가 된 느낌이었다. 그날의 흥분을 아직도 잊지 못한다.

---

13) 앞의 책에서 인용

그 뒤로 내 눈은 교실 속 아이들의 일상에 집중하게 되었고, 서서히 그 느낌을 블로그에 담았다. 그때 그런 발견이 없었다면 지금도 묵묵히 열심히만 하는 교사로 남았을 것이다.

나의 일상뿐만 아니라 내 주변 친구들이 던진 말을 시청하지 말고 견문해야 한다. 이것을 설명할 수 있는 한 단어는 오직 '견'뿐이라고 생각하지 않을 수 없다. [14]

내 블로그에는 순간 스쳐 지나가는 장면을 잡아내기 위한 〈한 컷 공감〉이란 섹션이 있다. 주로 짧은 단상의 글이다. 주변을 두리번두리번 살펴본다. 무언가를 찾는 사람처럼 뚫어지게. 마트 안에서도 글감은 찾을 수 있다. 어느 날 귤 상자를 사러 갔는데 기분 좋은 미소를 띠며 귤을 솎아주는 점원의 모습에서도 에머슨의 '성공'이란 시가 생각 나서 적었다. 이런 글들이 하나씩 쌓이다 보면 글쓰는 것이 참으로 즐겁게 다가온다.

집에서도 글감은 넘쳐난다. 교실을 바라보는 관점의 변화가 생기니 육아에도 영향을 미치게 되었다. 아이들의 모습 하나하나가 신기하고, 의미가 있음을 알게 되었다. 그것을 기록했고, 역시나 블로그에 육아 섹션을 만들어서 하나씩 적기 시작하자 육아 하면서 부족했던

---

14) 앞의 책에서 인용

생각이 정리되고 오히려 에너지가 생겼다. 아이들의 성장을 적으면서 나도 함께 성장하는 시간이었다.

내가 대학 총장이라면 '눈'을 어떻게 써야 하는지에 대한 필수과목을 만들겠다고 한 헬렌 켈러, 세상을 바라보는, 나를 바라보는 관점의 중요성을 우리에게 알려주고 싶었을 것이다. 진짜 보는 눈에 대해서 말이다.

> 어떤 순간에 의미를 부여해야 그 순간이 내게 의미 있게 다가오는 법이
>
> 다. 어떤 순간에 의미를 부여하면 나의 삶은 의미 있는 순간의 합이 되고,
>
> 의미를 부여하지 않으면 의미 없는 순간의 합이 되는 것이다.[15]

교실 속에서 에너지를 얻기 위한 가장 강력한 문장이라고 생각한다. 의미를 발견하는 일! 많은 선생님들이 열심히는 하지만 시간이 흐를수록 힘에 부치는 모습을 보게 된다. 정말 열심히 가르치고 지도하시는 것을 알기 때문에 안타깝다. 하지만 의미를 발견하면 소비되던 에너지가 오히려 생산적인 에너지로 바뀌게 된다.

어떻게 생산적인 에너지로 바꿀 수 있는가? 반문할 수 있겠다. 기록과 글쓰기가 그에 대한 해법이다. 하루 동안에 교실 속에 일어난 일 중 소재 하나를 찾아서 쓴다면 일 년에 190가지 글이 모인다. 그것을

---

15) 앞의 책에서 인용

나중에 유목화해 보자. 편집 과정을 거쳐 한 권의 책으로 출간할 수 있다. 『선생님, 오늘 하루 어떠셨어요?』는 그렇게 탄생한 책이다. 중요한 것은 저자 최창진 선생님처럼 매일 의미 있는 것을 발견하고 써야 한다. 그렇다면 충분히 나만의 역사를 만들어 갈 수 있을 것이다.

> 호학심사(즐거이 배우고 깊이 생각하라.) 참된 지혜는 모든 것들을 다 해보는
> 데서 오는 게 아니라 개별적인 것들의 본질을 이해하려고 끝까지 탐구하
> 면서 생겨나는 것이다. [16]

잠시 책을 덮고 오늘 나에게 의미 있었던 키워드 하나를 가져와서 글 한 편을 써 보자. 이런 일련의 행위가 평범한 일상을 비범한 일상으로 바꿔주는 놀라운 브릿지가 된다. 내가 '견'을 만나서 삶이 바뀌었듯이 당신만의 가능성을 만나는 귀한 하루하루를 응원한다.

★ keyword 20 글쓰기

가치 있는 삶을 만드는 기록의 힘

TV 음악 프로그램 〈히든 싱어〉를 즐겨 보았다. 시즌 7에 이르는

---

16) 앞의 책에서 인용

동안 꼬박 챙겨 시청했다. 가수들의 진솔함을 엿볼 수 있는 소중한 시간이었다. 히든 싱어를 보면 그만의 감동 포인트가 있는데, 도전자들마다 그냥 노래를 잘하는 것이 아닌 노래와 연계된 삶이 있다는 점이다. 힘들 때 힘이 되어주는 노래, 용기를 북돋아 준 노래, 삶의 의미를 찾아준 노래 등 다양한 노래와의 연결이 있기에 원조 가수들이 생각 이상으로 감동하는 히든 싱어의 모습을 볼 수 있었다.

그동안 호소력 짙은 백지영의 노래를 좋아하는 1인이었기에 백지영 편에 나온 모창 우승자 정유미의 사연을 들으며 가슴이 뭉클했다. 다양한 사연도 좋았는데 마지막에 이런 말을 했다.

"오늘만큼은 엄마가 아닌 백지영으로 살겠다."

과거 가수로 활동하고 결혼을 하면서 누군가의 아내로, 아이들의 엄마로만 살아온 자신에게 한 말이기도 했다. 내면 깊숙이 노래를 향한 열망이 느껴지는 묵직한 한 문장이었다. 저 말 한마디에서 내가 글을 쓰는 이유를 발견할 수 있었다. 누군가 내 글을 보고 의미를 발견할 수 있지 않겠는가. 짧은 한 행일지라도 그 한 행이 어쩌면 삶의 극적 전환점을 가져다줄 수도 있기에 부지런히 생각의 꼬리를 연결해서 한 편의 글을 담는다.

무엇보다 글쓰면서 내가 변하게 된다. 내가 글쓰는 이유, 책 쓰는 이유다. 아래는 『평범한 일상은 어떻게 글이 되는가』를 읽고 쓴 리뷰 일부를 소개한다.

- 책을 읽어 나가면서 체험한 좋은 변화를 이야기하며 책 읽기와 쓰기를 격려하신다. 최근 독서의 기쁨을 알아가던 중 이 책을 만났다. 저자의 책을 접함은 내게 터닝포인트로 기억될 것이다.

- 밀알샘의 평범한 일상이 책이 되었다. 일상과 학급 이야기 그리고 아이들과의 순간들도 있었다. 일상에서 발견하는 글감들이 일상을 더 풍성하게 만들어주고 있음을 보았다. 글쓰기의 치유력을 조금씩 알아가는 요즘, 조금 더 자세히 들여다보고 나의 언어로 표현해야겠다. 읽은 것, 본 것, 들은 것 그리고 느낀 것들이 한 권의 책으로 엮어질 날도 있을 것이다. 책을 읽으며 또 하나의 꿈을 꾼다.

- 누군가를 위한, 불특정 다수를 위해 글에 대한 부담감이 없이 접할 수 있도록 만들어 주는 아름다운 책이다. 내가 아직 인생을 논할 단계는 아니지만 살다 보면 누군가의 인생이 특별해 보인다기보다 기록된 인생이 특별해 보일 때가 있다. 특별해서 특별한 게 아니라 기록이 동반되어 삶을 적어 와서 특별해 보이는 것임을 김진수 선생님의 책을 통해서 반드시 느껴 보기를 바란다.

- 좋은 하루의 시작에, 저는 선생님의 『평범한 일상이 어떻게 글이 되는가』란 책을 새벽에 읽으려고 어제 잠자리 들기 전에 미리 책상에 준비해 뒀습니다. 이번이 3번째 낭독인데, 다시 읽으면서 요즘 조금 느슨해진 제 마음을 좀 더 탄탄하게 만들어 가고, 책 속에 있는 최고의 비타민

과 건강식품, 에너지원, 좋은 것들을 흡수하려고 책을 펼쳤습니다. 이 책을 읽으면 자신감이 생기고, 아이를 키우는데도 도움이 되고, 생활에 활력소가 생깁니다. 오늘도 김진수 작가님께 진심으로 감사드립니다. 제게 큰 힘이 되어주서서 고맙습니다.

책을 통해 독자들의 긍정적인 변화를 만나는 것만큼 기쁜 일이 없는 것 같다. 꼭 책을 쓰지 않아도 된다. 글만 써도 좋다. 그런데 많은 분이 글쓰기에 대한 오해, 선입견을 갖고 있었다. 주로 이런 이유에서 말이다. 글은 특별한 사람들만 쓰는 것, 글쓰기를 제대로 배운 적이 없다, 첫 문장 어떻게 써야 할지 모르겠다, 내 이야기를 누가 읽어주기나 할까? 나는 특별한 이야깃거리가 없다, 매일 쓰지 못하겠다(우선순위에서 밀리는 것), 써야 할 이유가 없다. 쓰지 않아도 잘 산다 등 제각기 다양한 이유가 있었다.

나도 그러한 이유로 접근하기 어려웠던 것이 바로 글쓰기였음을 고백한다. 하지만 지난 7년 동안 거의 매일 쓰면서 조금 알 수 있었다. 쓰는 행위가 얼마나 자기 삶을 좀 더 가치 있게 만드는지를. 다양한 이유로 쓰기를 두려워하는 분들에게 세 가지 처방을 내리곤 한다.

- 당신의 삶은 가치가 있다.
- 누군가는 그 이야기를 기다리고 있다, 의심하지 말고 쓰라.
- 쓰면 알게 된다, 당신은 이미 최고의 메신저다.

용기가 생기지 않는가. 자기 경험을, 소소한 깨달음을 연결하여 한 문장, 한 문단, 한 장을 쓰면 된다. 글이 점점 쌓여 가고, 생각보다 많이 썼다고 느껴질 때 이제 쓴 글들을 조합하여 하나의 원고를 만든다.

책으로 내고 싶다? 출판사에 문을 두드린다. 요즈음은 원고를 이메일로 보내면 되니 편한 세상이다. 그러나 대부분 거절한다. 괜찮다. 거절당한다고 돈이 드는 것도 아니니. 어떤 출판사에서는 원고를 가치 있게 여긴다. 분명히 있다. 그곳과 계약을 맺으라.

서서히 욕심이 난다. 좀 더 전문적인 글을 쓰고 싶다. 관련 도서를 읽고 배우며 익히면서 또 다른 콘셉트의 원고를 쓴다. 일련의 과정을 통해 한 권 두 권 내면서 자자로서 자긍심이 생긴다. 감사하게도 내 책을 읽고 누군가 도움을 받았다는 메일이 오거나 리뷰가 올라오면 내 삶도 누군가에게 가치가 있다고 여기니 더 잘 살고 싶다. 나도 누군가에게 메신저가 될 수 있구나, 타인에게 기여하는 삶을 살 수 있다고 느끼니 삶이 즐겁다.

글쓰는 삶을 살아간다면 퇴직 이후가 기대된다. 오히려 시간이 많아지니 더 많이 쓰고, 더 많이 남길 기회를 얻게 된다. 지난 경험들이 헛되지 않고 모든 것들이 글감이 된다. 어떤가? 글쓰기, 내편으로 만들고 싶지 않은가? 삶의 모든 것이 글감이다. 지금 생각나는 그것을 적는 것부터 시작하라. 글 삶에 들어온 여러분을 두 팔 벌려 환영한다.

관찰을 통해 관심을 보인다면

교사에게 중요한 것이 소통이다. 국어사전에서 소통이란 '막히지 아니하고 잘 통함', '뜻이 서로 통하여 오해가 없음.'이라 한다. 소통을 생각했을 때 중요한 주체가 누구인지 생각해 보자. 여기서는 크게 네 가지 소통을 이야기하고자 한다. 학생, 학부모, 교사, 그리고 가장 중요한 자신과의 소통이다.

학생과의 소통

학생과 소통하는 데 있어서 가장 중요하게 여기는 것이 세 가지 있다. 경청, 관찰, 반응이다. 교직 경력 11년 차에 특별한 경험을 했다. 아이들의 모습이 드디어 보인 것이다.

똑같은 일상의 교실 속 모습이었지만 그날은 정말 달랐다. 흑백으로만 보이던 것들이 하나하나 색이 입혀지는 느낌이랄까. 그 뒤로 나의 교직 인생은 180도 바뀌게 된다. 가장 큰 변화는 아이들을 오롯이 관찰하기 시작한 것이다. 거창하지 않다. 그저 아이들의 일상에 관심을 갖게 되고 아이들을 향한 질문을 더하게 된다.

"와~ 이거 어떻게 하는 거야? 너무나 궁금한 걸."

간단한 질문에도 아이들은 주저리주저리 다양한 이야기를 해준다. 나는 오롯이 잘 들어주고, 중간중간 긍정적 반응을 한다. 이 작은 행위는 큰 선물을 가져온다. 서서히 마음을 여는 행위! 이것만 잘해도 학급운영은 절반은 먹고 들어간다.

누군가에게 관심을 받는다는 것은 자신을 인정했다는 것을 의미한다. 인정 욕구는 사람이라면 본능적으로 갖고 있다. 그런 의미에서 '항상 다른 사람으로 하여금 자신이 중요하다는 느낌이 들게 하라.'는 교육학자 존 듀이(John Dewey)의 말을 아이들에게 활용할 수 있을 것이다. 바로 관찰을 통한 관심을 표현하는 것이다.

A 친구. 이 아이는 선택적 함구증을 갖고 있다. 예전 담임 선생님께 아이에 관한 이야기를 듣고 나서 알게 되었다. 학기 초에 어떤 질문을 해도 대답하기를 꺼리는 모습을 보인 친구. 나는 그저 부끄럼을 많이 타는 친구로만 여겼는데 그것이 아니었다. 그래도 괜찮다. 이 아이에게는 한 번 관심 가질 것을 두 번, 세 번 하면 된다.

학기 초에는 아이들과 네임텐트를 만든다. 가운데 이름을 크게 적고 왼쪽 위에는 자신의 꿈, 오른쪽 위에는 자신의 장점, 이름 아래쪽에는 듣고 싶은 말을 적는다.

A 친구가 쓴 것을 본다. '나와 함께 놀자'라는 말이 적혀 있다. 듣고 싶은 말이니 그다음 날부터 자주 들려준다. 한 번, 두 번, 세 번. 서서히 익숙해졌는지 나와 눈 마주침까지 어느새 자연스럽다. 마음을 여는 중이다. '이 사람이 내 사람인지' 눈빛으로 느껴진다. 서서히 담임 교사인 나에 대한 의심의 실타래를 하나씩 푸는 중이다.

쉬는 시간이면 어느 순간 내 주위에 있다. 그동안 추운 겨울을 이겨내고 봄이 서서히 오는 듯 따뜻하게 햇살이 창가에서 내 자리로 비치던 그날이 기억난다.

그날도 쉬는 시간이 되자 어김없이 찾아오는 A, 갑자기 자기 손을 보라고 손짓한다. "어. 그래 손 보라는 것이지?" 고개를 끄덕인다. 그러더니 갑자기 손바닥을 한 바퀴 돌린다. 팔이 360도 돌아간 것이다. 아무나 쉽게 할 수 없는 것을 내 눈앞에서 펼치는 친구. 나와 주변에 있던 아이들은 대단하다며 그 친구를 위해 엄지를 치켜세운다. 뿌듯한지 미소를 머금은 표정이다. 내가 아이에게 해준 일은 간단하다.

- 경청 : 친구의 말을 듣는다
- 관찰 : 친구의 일상을 본다
- 반응 : 엄지를 치켜세운다

이 세 가지 덕분에 학급이 따뜻하다. 서로서로 경청하고, 관찰하며, 반응을 보이는 따뜻한 학급이다. 한 친구가 다가와 "선생님!" 하며 이야기를 하고 싶어할 때는 하던 일을 멈추고 그 아이를 바라본다. 얼굴은 모니터에 향해 있고, 목소리는 "어, 그래."라고 대답하면 최악이다. 아이들은 단번에 알아본다. 이 어른이 내가 말하는 것에 관심이 있는지 없는지를 말이다.

학부모와의 소통

수업을 마치고 아이들이 간다. 나는 그때부터 바빠진다. 아침에 미처 댓글을 달지 못한 아이들의 아침 글쓰기 수첩인 〈모닝페이지〉를 본다. 그중에 학부모가 읽으면 함께 좋아할 내용이 있으면 사진을 찍어 문자를 보낸다. 아이의 마음을 함께 들여다볼 좋은 기회가 된다. 즐거운 마음으로 학교에 다닌다는 이야기를 읽으니 부모도, 교사인 나도 내심 마음이 놓인다.

어찌 보면 학부모와 교사는 한 아이의 성장을 위한 연결 고리가 있다. 피해야 할 대상자가 아닌 공조해야 할 대상이다. 학부모를 내편으로 만들면 된다. 나는 세 가지 방법을 활용한다.

아이의 칭찬 거리를 SNS로

대부분 부모는 담임 교사의 연락에 대해 긴장하기 마련이다. 보통 무소식이 희소식이라는 말이 있듯이 연락이 오지 않으면 잘 지내고 있는 것이고, 연락이 오면 대부분 잘못된 것을 전달해 왔던 것이 통상이었다. 나는 역발상을 한다. 잘된 것에 더욱 반응하는 것이다.

학급에서 하루 동안 무수히 많은 의미 있는 일들이 일어난다. 교실은 의미가 서로 연결되는 유기체다. 살아 있다. 글속에서, 말속에서, 작품에서, 일상에서 등 하루하루가 깊은 의미를 지닌다.

이때 눈에 띄는 아이들이 곳곳에서 나타난다. 그림을 잘 그리는 친구, 음악을 잘하는 친구, 체육을 잘하는 친구, 글을 잘 쓰는 친구, 말을 잘하는 친구, 표현을 잘하는 친구 등 다양한 분야에서 각자가 가진 장점이 발휘되는 순간이 존재한다. 나는 하이에나처럼 이 순간을 포착

한다. 이 순간을 잊지 않기 위해 핸드폰을 꺼내어 재빨리 관련 사진을 찍는다. 머리를 믿기보단 기록을 믿는 순간이다.

방과 후 아이들이 간 자리 잠시 오늘 찍은 사진을 본다. 오늘만도 수많은 사진이 찍혀 있다. 이 중에서 개인적으로 보내고 싶은 의미 있는 사진이 있다. 전송 버튼을 눌러 부모님께 보낸다.

이렇게 소통의 다리를 연결하여 아이에 관한 이야기를 나눌 수 있다. 좋은 내용인 만큼 부모님의 마음도 좋다. 매일 두 명 정도 이렇게 관심 두면 한 달에 한 번 이상 부모와 소통할 기회가 생긴다. 학기 초에 이뤄지는 '학부모 상담 기간'만 소통하는 시간이 아니다. 일상에서 얼마든지 할 수 있다.

교단 일기 쓰기

앞에 사진찍기와 연계되어 방과 후에는 학교를 위한 업무 처리를 우선으로 하고 수업 및 학급운영을 어느 정도 마련해 놓은 다음, 찍은 사진들을 PC에 모두 불러온다. 사진을 추리고 사진들을 유목화하여 학부모 밴드에 사진을 올린다. 밴드를 통해 오늘 어떤 의미 있는 활동을 아이들과 나눴는지 나누는 시간이다.

긴 말이 필요 없다. 그저 사진과 활동 내용만 적어도 좋다. 나는 이것이 중요하다는 생각이 든다. 일단 오늘의 교실 모습을 다시금 살펴볼 수 있고, 아이들의 모습, 교육 활동의 전반적인 결과 등을 이때 한 번 더 살펴볼 수 있다. 이 과정을 190일 동안 했다면 그 학급은 직접가 보지 않아도 알 수 있다.

함께 성장하는 멋진 학급의 모습! 이런 사진 활동을 하기 전까지는 기록의 힘을 알지 못했다. 2017년부터 의미 있는 하루의 모습을 기록으로 담아 놓으니 교육에 대한 자신감도 생겼다. 더 나아가 이런 노력하는 모습을 학부모에게 비치니 자연스러운 소통은 이뤄진다. 노력과 정성은 흐르게 되어 있다. 억지가 아닌 진정성이 있기에 내가 기대한 이상으로 긍정적인 관계가 형성되어 간다.

녹색 어머니 활동 격려

아침마다 아이들의 등교를 위해 힘쓰시는 '녹색 어머니'가 편성되면 주로 건널목에서 교통 지도를 해주신다. 학기 초 녹색 어머니를 배정하는데, 배정하고 나서 해당 일을 하는 곳으로 감사 인사를 드리기 위해 순회를 한다.

첫해에는 나 혼자 돌면서 감사 인사를 했다. 뭔가 좀 쑥스럽기도 했지만 그래도 좋아하신다. 다음해에는 주스 하나씩 드렸다. 예기치 못한 작은 선물에 학부모님께서는 좋아하신다. 나도 좋다. 그 이듬해에는 학부모님 자녀와 동행하여 감사 인사를 드리고 나서 다시 교실로 향하는 길에 아이에게 질문한다.

"녹색 어머니로 활동하시는 엄마를 보니 어떤 생각이 들었니?"

"자랑스러웠어요."

7일 정도, 아침 시간에 부지런히 움직이면 되는 일이다. 이 작은 행동이 학부모님과의 소통을 어떻게 이어 가는지 경험하게 된다.

교사와의 소통

가끔 머리를 식히기 위해 복도를 걸으면서 다른 선생님의 교실을 본다. 다들 무언가 열심히 하고 있다. 학교에서 교사는 밖에서 생각하는 것 이상 바쁘다. 바빠도 너무 바쁘다. 수업 활동은 기본이고, 생활지도, 각종 업무, 그리고 컴퓨터 앞에서 해야 할 일들이 많다.

"똑똑, 선생님 잘 지내셨어요? 지나가다 교실이 환하게 빛나서 들어왔어요. 아이들 작품을 보니 표현력이 대단한데요."

"그런가요? 이 친구는….."

"요즘은 어떻게 지내세요? 바쁘다는 이유로 통 나누지 못했네요."

이렇게 이야기를 나누다 보면 무거웠던 얼굴도 환하게 비친다. 소통이란 별것 없다. 상대방의 안부를 묻고 관심사를 들어주는 것만으로도 최고의 소통이다. 인간관계론의 대가 데일 카네기의 말을 실천하려고 노력한다. "진심으로 경청하는 태도는 우리들이 다른 사람에게 보일 수 있는 최고의 찬사 가운데 하나이다." 질문하고 두 귀로 정성껏 들은 것뿐인데 오히려 감사해 한다.

교실에서 실천한 교육 활동 중 나누고 싶은 것이 있으면 먼저 메시지를 보낸다. 마침 올해는 동학년 6개 반 중 4개 반이 신규 선생님들이었다. 도움을 드리고 싶었다. 나 역시 우여곡절이 많았던 교직 생활이었기에 선생님들의 시행착오가 느껴진다. 그렇다고 먼저 이래라저래라 하지 않는다. 필요하시면 묻게 되어 있고, 물으면 성심성의껏 함께 고민한다. 언제든 자유롭게 이야기할 수 있게끔 교실문(마음의 문)을 활짝 열어 놓으면 된다.

"부장님, 지난 번 말씀하신 의미 있는 역할을 오늘 정했더니 아이들이 잘하더라고요. 감사해요."

먼저 손을 내미는 것, 교사들은 크게 바라는 것이 없다. 선배 교사라면 후배 교사가 다가갈 수 있도록 업무 중심보다는 인간관계 중심으로 대해 주고, 후배 교사라면 선배 교사에게 궁금한 것이 있으면 물어보는 것만으로도 선배 교사에게는 '그래도 내 경험이 녹슬지 않았는걸'이란 생각으로 뿌듯함이 생긴다. 관계는 그렇게 시작되고, 관심 가져 주는 사람에게 마음이 더 가게 되어 있다. 교사도 사람이다.

자신과의 소통

교육의 세 주체인 교사, 학부모, 학생과의 소통도 중요하지만 가장 중요한 것은 자신과의 소통이다. 바쁘다는 이유로 이를 등한시하는 교사들이 많다. 가끔 현타가 온다는 분은 더욱 깊이 있게 자신과 소통하기를 권한다.

교직 경력 18년차 중 3분의 2인 11년차까지는 학급운영을 생각했을 때 특별한 무기가 없었다. 학급운영은 잘 되는데 뭔가 부족한 느낌이고, '우리 학급을 한마디로 표현한다면?'이라고 질문을 받았을 때 물음표(?)가 생각난다면. 우리 학급이 그랬다. 그러나 12년차에 드디어

기다리던 우리 학급에 대한 정의를 내릴 수가 있었다.

"우리 학급은 독서와 글쓰기로 함께 성장하는 반이다!"

이렇게 정의를 내릴 수 있었던 계기가 바로 나 자신과 꾸준한 소통을 통한 결과이다. 당시 매일 새벽마다 일어나서 책을 읽고, 글을 쓰고 학교에 출근하면 하루를 이긴 것 같은 느낌이어서 아이들에게 에너지를 마음껏 쓸 수 있다. 자신 있게 펜을 들고 쓸 수 있는 용기가 생겼다.

자신과의 소통을 절대 간과하지 마라. 지속적으로 꾸준히 되어 근력이 생기면 교사, 학생, 학부모와의 소통은 저절로 따라오게 되어 있다. 잊지 않길 바란다. 야누슈 코르착(Janusz Korczak)의 말처럼 아이들을 알려고 하기 전에 자기 자신을 알려고 애쓰길 바란다.

★ **keyword 22 관계**

선생님, 교실에 찾아가도 될까요?

2022년 베이징 동계 올림픽 중에서 유독 매번 챙겨 보는 종목이 있었다. 바로 쇼트트랙, 내 식견으로는 이해가 되지 않을 정도의 불리한 판정으로 남녀노소 할 것 없이 실격하는 장면이 눈살을 찌푸리기만 했다. 마침 좋은 소식이 들려온다. 남자 1,500미터 쇼트트랙 경기에서 황대헌 선수가 금메달을 땄다는 소식이다. 1,000미터 준결승에서 1위로 통과하고도 실격을 당해 안타까운 마음이 들었던 그였는데 전화 위복이라는 말처럼 이후 경기에서 금메달을 움켜쥐고 환히 웃는 그의 모습에 박수를 보냈다.

SNS에서 황대헌 선수에 대해 검색을 하다 우연히 은메달을 딴 캐나다 선수인 스티븐 뒤부아의 인터뷰를 보게 되었다. 그는 확실히 실력자였다. 올림픽 이전 대회에서 5개의 은메달을 목에 걸었다.

더 놀라운 사실은 해당 대회 전 종목 석권을 한 선수가 우리나라의 황대헌 선수였다는 것. 뒤부아는 인터뷰에서 이런 말을 했다. "선두로 가는 쉬운 방법을 찾았는데 한국(황대헌) 선수를 따라가는 것이었습니다. 그가 정말 빠르게 달려서 저도 2위를 지켜낼 수 있었습니다." 스티븐 뒤부아의 인터뷰에서 삶을 바라보는 지혜를 발견하게 되었다. 자신이 원하는 삶을 살아가는 사람의 발자취를 따라가면 된다.

교사로서의 꽃은 학급운영이다. 학급운영의 성패가 교직의 삶을 좌우할 정도로 수업 이상 중요하다고 여긴다. 담임이 어려운 이유이기도 하다. 만약 우리 반의 운영이 어렵다고 한다면 어떻게 하겠는가? 그냥 전전긍긍 걱정하면서 스트레스 받으며 하루하루를 힘겹게 보내겠는가?

여기 가장 쉬운 한 가지 방법이 있다. 내가 지향하는 학급을 운영하는 선생님을 찾아가면 된다. 노크하는 것이 어렵다고 생각할 수 있다. 교실의 문은 굳게 닫혀 있고, 철옹성 같은 개념이기에 누가 초대하지 않은 교실을 내 임의대로 들어갔다 나오는 것은 실례가 될 수 있기에 부탁하는 것조차 예의에 벗어난다 생각할 수 있다. 하지만 실상은 그렇지 않다.

먼저 경력있는 선생님들의 경우 시행착오 경험을 많이 해보았기에 나름 쌓인 노하우도 많다. 후배 교사의 질문이 반가운 이유다. 만약 후배 교사가 원하지도 않는데 선배 교사가 이래라저래라 하는 것은 꼰대가 될 수 있기에 조심스럽다.

교실을 찾아가기 전에 메신저를 먼저 보내면 누구든 환영한다.

"선생님, 제가 이런 부분에서 어려움이 있는데 선생님의 노하우 좀 배울 수 있을까요? 제가 그동안 지켜봐 온 선생님의 교실은 그 어느 곳보다 따뜻하고 아이들과의 호흡이 좋아 보였거든요. 그 비결을 배우고 싶습니다."

이런 메시지를 보냈다면 기분 좋게 두 팔 벌려 교실 문을 활짝 열어주고 하나라도 더 챙겨주기 위해 힘쓰는 것이 대부분의 교사 모습이다. 사람은 자신을 인정해 주는 사람에게 마음을 더 열기에 한 가지라도 더 알려주기 위해 이것저것 준비하고 있을 선생님의 모습이 그려진다.

어느 날 경력이 많은 한 선생님께서 이런 메시지를 주셨다.

"선생님 교실에 찾아가도 될까요? 제가 담임한 지 오랜만이라서 학급 비전을 어떻게 세워야 할지 도통 모르겠네요. 선생님께 조언을 구하려고 합니다."

"당연하죠. 언제든지 오세요. 오늘 방과 후에 오시면 되겠습니다."

누군가 내게 도움을 요청할 때 함께 고민해 주는 순간이 좋다. 학급운영은 내가 좋아하고 자신 있어 하는 분야이기에 원하는 분이 있다면 기꺼이 교실을 열어 드린다.

선생님께 내가 운영해 온 방법을 간략히 설명해 드리고 필요한 자료를 보냈다. 다음날 바로 적용하시더니 기분 좋게 우리 교실에 와서 그날 아이들과 했던 '학급 비전 세우기' 활동을 웃으면서 이야기해 주셨는데 나 또한 기분이 좋았다.

그 뒤로도 선생님께서는 자주 우리 교실에 방문하였다. 아이들과 어떻게 지내고 있는지, 학급운영에 관한 이야기를 해주셨다. 본교에서 운영하는 '꼬마 작가 만들기' 프로젝트에 나온 학급 결과물에는 아이들의 글을 통해 자신이 느끼는 바가 많다고 하며, 지나가던 나를 세우고 자랑스럽게 이야기하시는 모습이 아직도 눈에 선하다.

한 신규 선생님께서 아이들 지도에 대한 긴급 상담을 요청하신다. 기꺼이 시간을 낸다. 한 교사가 무너지면 한 학급, 한 학교가 무너질 수도 있기에 이런 요청은 언제든지 우선시하는 편이다. 교실 문을 여는 순간, 새로운 관계 또한 연결된다.

한 시간 동안 아이들 지도, 갈등 문제 해결, 상담 기법 등을 조언한다. 이야기 중에 선생님께서 아이디어가 생각날 때마다 수첩에 기록했는데 별표가 많아진다.

어느 날 복도에서 만난 선생님께 물었다.

"요즘 학급은 어떻게 잘 운영되나요?"

"네, 덕분에 지난번 일은 잘 해결되었고, 안정적입니다."

내가 지향하는 사람의 모습을 그대로 따라 해 보라. 그 사람처럼 닮아갈 것이다. 학급운영, 수업, 취미, 특기, 관계, 말, 언어 등 모든 영역이 그 원리에 따른다. 이미 모범 사례를 이룬 발자취를 따라가는 것이다.

쇼트트랙 선수 스티븐 뒤부아가 황대헌을 따라가듯, 당신도 누군가의 뒤를 따라가길 바란다. 그가 친절하게 이끌어줄 테니 걱정하지 않아도 된다. 그저 묻고 실행하며 함께 나아가다 보면 자연스럽게 안정화되어 자신만의 길을 걸어갈 수 있는 내공이 생긴다. 그때 비로소 알게 된다. 자신의 뒤에 따라오는 사람이 있다는 것을. 당신도 누군가의 황대헌이 될 수 있다는 것을.

★ **keyword 23 실천**

변화의 한끗 차이

성공하기 가장 좋은 방법이란 뭘까? 잠시 읽던 것을 멈추고 여러분이 생각하는 방법을 생각나는 대로 적길 바란다. 어찌 보면 성공하기 쉽다. 그렇다고 내가 엄청난 성공을 이뤘다는 것은 아니고, 성공을

밀알샘 자기경영 노트

논한다는 것 자체가 적절하지 않다.

적어도 이 한 문장을 기억했으면 한다. '우리의 삶을 더 발전시키는 방법은 이미 성공한 사람들의 삶을 본뜨는 것이다.' 이는 변화 심리학자 앤서니 라빈스(Anthony Robbins)의 말이다. 그에 대해 들어보긴 했지만, 내 주변에 읽은 사람이 많지 않은『네 안에 잠든 거인을 깨워라』에서 강하게 이야기하고 있다. 훌륭한 사람들의 삶을 본뜨라고.

그림 그리기의 능력을 높이고 싶다? 좋아하는 그림 하나를 그대로 본떠 본다. 글쓰기 능력을 높이고 싶다? 좋아하는 책 한 권을 그대로 본떠 본다. 운동 능력을 높이고 싶다? 좋아하는 운동선수의 훈련을 그대로 본떠 본다. 돈을 많이 벌고 싶다? 선한 부자가 이룬 삶을 그대로 본떠 본다.

여러분이 원하는 어떤 모습이 있다면 앤서니 라빈스 말 그대로 모범이라고 생각하는 삶을 그대로 본떠 보는 것에서 출발하기 바란다. 생각과 행동, 습관 등등. 아이들과 조선 풍속화에 대해 수업을 할 때 꼭 하는 활동이 있다. 그것은 김홍도, 신윤복 등의 풍속화의 그림을 그대로 본떠 보는 것이다. 내가 준비하는 것은 다양한 그림들과 붓펜, 화선지뿐이다. 아이들은 저마다 원하는 그림을 화선지에 대고 그대로 본뜬다.

본뜰 그림이 잘 보이지 않는 친구는 햇빛이 들어오는 창문에 대면 더 실감 나게 표현할 수 있다. 여기에 색연필 또는 물감으로 살짝 색을 입히면 누구나 제2의 김홍도, 신윤복이 되는 순간이다.

"선생님, 그대로 따라하니 멋진 작품이어요. 좋은데요."

모든 사람이 똑같이 따라한다고 해서 앤서니 라빈스가 될 수는 없다. 그렇다고 직접 조언을 구하기도 힘들다. 그래도 괜찮다. 전혀 문제 될 것이 없다. 왜냐고? 이미 그들은 자신의 노하우를 이만 원도 안되는 책에 그대로 언급해 놓았으니 말이다. 우리가 수고할 것은 오프라인 서점이든 온라인 서점이든 책을 구매하든지, 아니면 도서관에서 책을 빌리면 된다. 자, 이제 책을 펼쳐 들고 그들이 말하는 것이 무엇인지 귀를 기울여 보자.

순간 멈칫하는 지점이 다가온다. 읽으면서 기록하고 싶지 않은가? 실천 노트를 하나 준비하여 책 제목을 적고 마음을 울린 구절을 그대로 적는다. 정약용 선생님은 이를 가리켜 '초서'라고 하면서 자기 생각을 정리한 후 그 생각을 기준으로 취할 것은 취하고 버릴 것은 버려야 함을 강조했다. 그 문구가 나에게 왜 의미 있었는지 간단히 한 줄 정도라도 적으면 좋다.

책을 읽다 보면 이런 순간이 종종 다가온다. 그때마다 잠시 멈춰서서 즉시 드는 생각을 노트에 옮긴다. 자, 한 권의 책을 읽었다. 이제 이 책에서 따라 하고 싶은 것이 무엇인지를 곰곰이 생각하고, 그것을 실천 노트에 옮긴다. 이제 남은 것은 생각에서, 의지에서 끝나는 것이 아닌 적은 것을 실천하는 일만 남았다.

한 권의 책에서 수많은 실천거리를 만날 것이다. 모두 다 이루지 못해도 괜찮다. 자신에게 의미 있는 한 가지부터 출발하면 된다. 하나, 둘, 셋… 이렇게 책 속에서 얻은 영감을 현실로 가져와서 하나씩 이뤄 가다 보면, 서서히 그들처럼 성공자의 길을 답습하게 된다. 이미 그들이 닦아 놓은 길을 따라만 가도 누구나 가능한 현실이다. 당신이 그리는 거의 모든 분야에 이미 성공한 사람들이 있고, 그 이야기를 엮어 놓은 책들이 존재한다.

『독서 천재가 된 홍 팀장』에서 저자 강규형 대표가 북 멘토에 대해 언급하고 있다. 여기서 몇 가지 특징을 발견하였다.

- 멘토는 꼭 한 사람일 필요는 없다, 다수도 좋다.
- 내가 지향하는 분야에 성공 모델의 삶을 본뜨는 노력을 한다.
- 다양한 조합이 세상에서 하나뿐인 자아를 재창조하게 된다.

저자의 북 멘토는 다음과 같았다.

경영 - 피터 드러커

리더십 - 존 맥스웰

습관 - 찰스 두히그

미래 - 앨빈 토플러

마케팅 - 빌 비숍, 필립 코틀러

변화 - 구본형, 존 코터

하프타임 - 밥 버포드

커리어 - 리처드 볼스

창조와 혁신 - 세종대왕

독서법 - 모티머 애들러

학습조직 - 피터 센게

성공 - 브라이언 트레이시

세일즈 - 프랭크 베트거

시간 - 피터 드러커

NLP(신경언어 프로그램) - 토니 로빈스

통찰 - 이어령, 세스 고딘

인간관계 - 데일 카네기

전략 - 이순신, 보응우옌잡

재능 - 대니어 코일

책 속에서 저자의 북 멘토를 본 순간 잠시 멈추고, 나의 멘토는 누구일까 적기 시작했다. 상당히 많은 멘토가 나에게 영향을 주었고, 지금 내 모습은 그들의 좋은 영향으로 인해 김진수란 이름으로, 밀알샘이란 이름으로 하루하루 살아가고 있음을 고백한다. 내 힘으로 온전히 된 것이 아니었다. 그들의 삶을 조금씩 본떠서 조합한 결과 지금의 나로 설 수 있었다.

내 삶이 변화하기 시작한 것은 그들의 성공법을 그대로 모방하면서 감지하게 되었다. 내 안에도 이런 것들이 존재한다는 사실을 전혀 몰랐는데 할 수 있다는 자신감이 생겼다. 그때부터 더욱 책에서 손을 뗄 수 없었고, 하나라도 더 배우고 익히며 적용하기 위해 시간을 의미 있게 활용하기 시작한 것이다. 그렇게 살아간 지 몇 년 지나지 않았지만 살아생전 이루기 쉽지 않다고 여겼던 것들을 이루었다.

이렇게 글로서 여러분을 만날 용기를 낼 수 있게 된 것이 가장 큰 수확이다. 누구나 성공하고 싶어하지만 누구나 성공하는 것은 아니다. 성공은 결국 실천의 영역이기 때문이다. 성공하고 싶은가? 그럼 움직이자. 시도하지 않고서는 절대로 성공할 수 없다. 여러분은 이미 충분히 할 수 있는 능력을 지니고 있다. 자신을 믿고 한 걸음 내딛는 용기만 지니면 된다. 우보천리, 천 걸음도 한 걸음부터 시작한다는 것을 잊지 말자.

본받을 사람이 생길 때마다

책을 읽다가 깊이 생각에 잠길 때가 있다. 이날도 그랬다. 나는 성경을 읽고 있었는데 그곳에서 나에게 부족한 것을 깨닫게 하는 구절을 발견하였다.

"묵시를 기록하여 판에 명백히 새기되 달려가면서도 읽을 수 있게 하라." 하박국 2장 2절이었다. 묵시를 기록한다. 명백히 새긴다. 달려가면서도 읽을 수 있게 한다. 이 세 가지 명제가 나에게 말해 주는 것이 하나 있었다. 그것은 바로 비전의 시각화! 지난 수십 년 동안 그저 꿈을 꾸면 모든 것들이 다 되는 줄만 알고 있었는데, 정작 제자리걸음을 걷고 있다는 것을 알게 되었다.

조용히 눈을 감았다. 나는 과연 꿈을 향해 얼마나 실천하고 있는 것인가? 돌아오는 대답이 전혀 들리지 않았다. 그만큼 의지만 있고 행동으로 옮기지 않았다. 실천의 부재였다. 이런 느낌을 가져본 적 있는가? 정말 열심히, 누구보다 최선을 다하고 있는 것 같은데 내 안에 성장하는 느낌은 없이 세월만 흘러가는 것 같았다. 일 년 동안 아이들을 최선으로 가르쳤는데 진급시키고 한 학년 올려보내면 남는 게 하나도 없는 그런 느낌이었다.

어느 날 좌절감이 몰려왔다. 나는 과연 무엇을 위해, 어디로 가는지를. 우울감도 동시에 밀려왔다. 그때마다 책을 읽었다. 그리고 내 마음을 글로 표현했다. 소심하게 읽고 있던 페이지 구석에 내가 이루고 싶은 것을 끄적끄적 '나도 잘 살고 싶다.'라고 적었다.

『놓치고 싶지 않은 나의 꿈 나의 인생 1』[17]을 읽다가 이런 나의 마음을 뒤흔드는 문구를 만났다. '간절하고 열렬한 소망을 가지라.' 불타오르는 소망이 진가를 발휘할 때 승리는 이미 나의 것이라며 뜨겁게 응원하는 것만 같았다.

이 문구와 구약 성서의 하박국 구절이 겹치면서 이대로 주저앉을 수 없었던 나는 그때부터 미래를 생생하게 그리기 시작했다. 이루고 싶은 것을 적고, 이미 이룬 사람들의 사진을 프린트하여 내 얼굴을 붙이기도 했다. 그것을 집에서 가장 잘 보이는 곳에 붙여놓고 매일 반복해서 '나는 나날이 모든 면에서 나아지고 있다.'고 확언했다.

한결 마음이 가벼워졌다. 그 누구보다 나 자신이 나를 위해 손뼉 쳐줄 때가 그렇게 좋았다. 여러분은 자신을 얼마나 응원하고 있는가?

생각보다 자신을 격려하는 사람들이 적다. 아이든 어른이든 자기를 사랑한다는 것은 다른 것이 아니다. 바로 자신을 위해 마음껏 격려할 수 있는 그런 자세가 시작이다.

지금 거울 앞에 있는 자신을 향해 긍정의 언어를 들려주라. 어떤가? 한결 기분이 좋아지지 않은가? 낙담하고 힘들 때마다 "진수야, 괜찮아. 넌 잘하고 있어. 앞으로 더욱 빛날 거야."라고 한마디 하면 어떨

---

17) 나폴레온 힐 지음, 권혁철 옮김, 국일미디어

까? 말 그대로 여러분은 잘될 것이다.

우리 집에는 '보물 지도'가 있다. 내가 본받고 싶은 사람들의 모습을 인쇄하여 걸어두었다. 각 분야에서 멘토로 삼은 분들을 한자리에 모았다. 당신에게도 도움이 될 것이다.

- 우울증 탈출하는 데 혁신적인 도움을 준 『미라클모닝』의 할 엘로드
- 독서와 글쓰기가 하나로 연계되는 데 도움을 준 초서 독서법의 정약용 선생님
- 책 쓰기의 비전을 꿈꾸게 해준 『책 쓰기 혁명』의 김병완 작가
- 일상 속에 글이 있음을 알게 해준 『일상과 문장 사이』의 이은대 작가
- 인의예지(仁義禮智)를 갖출 수 있게 채찍질해 주는 『논어』의 공자
- 학급운영에 큰 맥을 짚어 주신 『초등 학급운영 어떻게 할까?』의 이영근 선생님
- 학급 속 아이들과의 관계의 중요성을 인식해 주신 『학급경영 코칭』의 허승환 선생님
- 글쓰기와 책 쓰기를 한층 업그레이드하게 해준 『당신의 책을 가져라』의 송숙희 작가
- 선한 영향력 있는 메신저의 삶을 살도록 인도해 준 『백만장자 메신저』의 저자 브렌든 버처드
- DID 정신으로 상처를 치유해 주는 『내 상처의 크기가 내 사명의

크기다』의 저자 송수용 대표

- 습관이 결국 인생을 바꿀 수 있다는 확신을 심어준『성공하는 한국인의 7가지 습관』의 조신영 작가
- 집중 독서의 씨앗을 심어준『초등 부모학교』의 김성현 선생님
- 일상에 나만의 깊이 있는 철학을 담게 해준『문해력 공부』의 김종원 작가
- 학급을 잘 경영하는 것이 매우 중요함을 알려준『선생님, 걱정 말아요』의 저자 김성효 선생님
- 매일 아침 글쓰기의 매력을 알려준『매일 아침 써봤니?』의 김민식 작가
- 독서가 사람을 변화시킨다는 마인드셋을 알려준『리딩으로 리드하리』의 이시성 작가
- 영어는 훈련을 통해 누구나 할 수 있다는 자신감을 심어준『영어 천재가 된 홍대리』의 박정원 작가(박코치)
- 3년간 주제를 바꿔 가며 평생 성장하게한 현대 경영학의 아버지, 피터 드러커
- 최고의 가치 투자자, 워렌 버핏
- 너와 나를 위하는 삶을 살아가는『월급쟁이 부자로 은퇴하라』의 저자 너나위
- 선한 가족의 모습을 닮아 가고 싶은 션 가족
- 인생 최고의 파트너이자 동역자이며 아내, 동화『우정 자판기』

의 정선애 작가

- 함께 성장하는 꿈을 꾸고 교사들의 성장을 돕는 체인지 메이커 『나는 혁신학교 교사입니다』의 저자 미미쌤 배정화 선생님
- 엄마의 성장을 돕고 오늘을 감사하고 나눔을 실천하는 『엄마를 위한 미라클모닝』의 저자 오감나비 최정윤 선생님

이처럼 본받고 싶은 사람들이 생길 때마다 우리집은 인물 보물로 넘치게 된다. 모치츠키 도시타카의 『보물지도』와 강창균, 유영만의 『버킷리스트』를 읽으면서 꿈을 향해 나아가는 수많은 사람이 있음을 알게 되었다. 나도 그와 동행하고 싶다는 인지를 하는 순간 어느새 꿈을 향해 나아가는 한 걸음을 내딛게 된다.

꿈에서도 꿈을 꾸고, 현실에서도 생생하게 꿈꾸는 진정한 꿈쟁이가 되어 있을 것이다. 여러분의 보물 지도에는 어떤 사진들이 걸려 있을지 기대가 된다. 『돈키호테』의 세르반테스는 보잘것없는 재산보다 작은 소망을 가지는 것이 더 훌륭하다고 했다.

★ keyword 25 문제 해결

선택을 바꾸면 태도가 바뀐다

메이저리그 보는 것을 좋아하는 1인이다. 우리나라 선수들이 경

기한 하이라이트 영상은 꼼꼼히 챙겨 보는 편이다. 어느 날 류현진 선수의 첫 승 소식이 들려왔다. 숙명의 경쟁자인 양키스를 이긴 경기였고, 특히 심판의 스트라이크 존이 애매했던 경기였다. 야구 경기를 마치면 선발투수 인터뷰를 하는데 인터뷰 중에 깊이 다가오는 이야기가 있었다.

Q. 심판의 애매한 판정, 경기 중 어떻게 극복했는지?

A. 첫 두 이닝이 중요하다고 생각합니다. (스트라이크 존) 양쪽은 다 던져 보고 심판의 손이 잘 올라가는 쪽으로 많이 던지려 노력하는 편입니다.

류현진은 정교한 제구로 몸쪽, 바깥쪽 구석을 던지며 타자를 유인하는 투수인데, 해당 시합 심판의 스트라이크 존은 심판에 따라 다를 것이다. 그때마다 1, 2닝을 통해 스트라이크 존을 파악해서 상황에 따라 운영한다는 것. 그것이 첫 승을 가져온 비결이라고 이야기하고 있었다.

심판도 인간이기에, 그동안 애매한 판정을 받을 수 있다. 그럼에도 불구하고 심판의 판정에 대하여 불평보다는 인정하고 그것에 맞춰 가는 능력, 왜 류현진이 세계적인 선수로 거듭날 수 있었는지를 알 수 있는 인터뷰였다.

사격할 때 첫발이 정중앙에 맞을 확률은 극히 드물다. 처음 세 발을 쏘고 '영점 조정'을 통해 자신의 사격 타점을 맞춰 나간다. 사격의 원리를 그대로 활용하고 있는 류현진 선수에게서 삶을 대하는 태도를 배울 수 있었다.

내가 당연하다고 여긴 것이 때로는 전혀 엉뚱한 결과를 가져올 때가 많다. 그만큼 한 치 앞을 알 수 없는 것이 인생사다. 그래서 '대응'이 중요하다. 일어난 일에 대해 어떻게 해석하고 대응하느냐에 따라 의미는 전혀 다르게 바뀔 수가 있다.

류현진 선수 경우처럼 심판의 스트라이크 존을 파악하듯이 우리 삶도 적절하게 대응하면서 좋은 쪽으로 생각하고 행동한다면 첫 승의 기쁨을 느낄 수 있지 않을까? 기분 좋은 첫 승을 말이다.

문제 해결 능력

사람이 갖춰야 할 것 중 하나가 문제 해결 능력이다. 앞서 이야기했듯 문제는 언제 어디서든 예기치 않게 나타난다. 내가 잘하건 못하건 누구에게나 직면할 수 있다. 이때 두 가지 부류가 나온다. 문제에 대하여 불평하는 사람이 그 하나이고, 문제에 대하여 인정하고 어떻게 풀어갈 것인지 고민하는 사람이 다른 하나의 모습이다. 두 단어의 대립이라고 볼 수 있다.

때문에 VS 그럼에도 불구하고

어떤 단어가 자기 삶과 부합되는가? 아니, 어떤 단어와 친하게 지내고 싶은? 만약 '때문에'를 선택했다면 문제에 대한 원인은 바깥으로 향하게 될 것이다. '이렇게 된 원인은 너 때문이야. ○○ 때문에 일이 이렇게 되었어.' 만약 '그럼에도 불구하고'를 선택했다면 어떤 문제를 만나도 벗어날 구멍을 찾게 될 것이다. '지금 상황은 어렵지만, 분명히 이를 해결한 방법이 있을 거야. 지금 내가 할 수 있는 일이 무엇일까?'

고등학교 2학년 때 부모님께서 이혼하셨다. 의지했던 기둥이 무너지는 것 같았다. 나는 한없이 흔들리고 있었고, 이런 마음으로 몇 년 동안 헤매게 되었다. '부모님 때문에 제대로 되는 것이 없어.' 돌이켜 보니 그것은 부모님 때문이 아니었다. 환경을 바라보는 내 시각 때문이었다.

어느 날부터 그런 상황을 인정하기 시작했다. '그래! 부모님께서는 그렇게 결정을 하셨지만 이런 상황에서도 훌륭하게 살아가는 사람들이 있어. 나도 그렇게 할 수 있지 않을까? 지금 할 수 있는 것을 찾자.' 생각의 각도를 조금만 달리하니 한결 마음이 가벼워졌다. 누구 때문이 아닌 어떤 상황일지라도 충분히 한 걸음 내디딜 수 있는 용기가 생긴 것이다.

한 아이가 떠오른다. 그애가 받아쓰기 시험을 치르고 울고 있었다. 이유를 듣자 하니 10문제 중 맞은 것이 2문제뿐이었다는 것이다. 스스로 부족했다고 생각했기에 흐르는 눈물이었다. 울음이 그치지 않았다. 오랫동안 울고 있었다. 복도로 불러내어 더 깊은 의미가 있는지 물어보았다. 그러자 울먹거리며 이야기한다.

"선생님, 너무 못했어요."

"아! 그렇구나. 못 봐서 속상했구나. 울고 나니 편안하니?"

"아니요. 더 불편해요,"

"울어도 그렇구나. 어떻게 하면 마음이 편안해질까?"

"……."

"네가 시험을 못 본 것은 이미 엎질러진 물과 같아. 그것을 주워 담기에는 힘들겠지. 시험도 똑같아. 네 점수는 고쳐지기 어렵잖니. 맞은 개수를 인정하고 앞으로 볼 시험을 잘 준비하면 가능하지 않을까? 선생님은 충분히 할 수 있다고 생각해. 무엇보다 두 문제나 맞았잖니. 어때? 앞으로 더 잘할 수 있겠는걸."

"그런가요? 네, 더 잘해 볼게요."

"네가 말한 대로 노력해 보렴. 좋은 결과가 있을 거야. 파이팅."

그애의 눈물이 그쳤다. 삶을 살아가는 데 문제가 있는가? 관점을 달리해 보자. '때문에'를 선택할 것이냐, '그럼에도 불구하고'를 선택할 것이냐는 그 누구도 아닌 자기 자신이 결정할 수 있다.

선택만 바꾸어도 삶을 대하는 태도가 바뀐다. 인생은 선택의 연속이다. 존 듀이는, 자아는 이미 만들어진 것이 아니라 선택을 통해 계속 만들어 가는 것이라고 했다. 당신은 어떤 선택으로 자아를 만들어 가고 있는가?

★ keyword 26 도전

내가 할 수 있는 실천 하나하나

우연히 영상을 보았다. 피트니스 대회였다. 1등 한 사람은 남과 다른 모습이 확연히 눈에 띄었다. 왼팔이 없었다. 한쪽 팔이 없는 상태에서 이뤄낸 피트니스 대회 1등, 1등을 한 것이 중요하기보다는 그녀의 삶이 궁금했다.

영상을 시청하기 전에는 태어날 때부터 장애를 가졌던 사람일 것이라는 생각했다. 내 생각과는 전혀 다르게 한쪽 팔이 없는 나윤 씨의 위대한 도전이 시작된 것이다. 스물일곱 살 나이에 오토바이를 타고 가다 한쪽 팔을 잃게 된 그녀. 한쪽 팔을 잃었으니 생활의 불편함을 비롯하여 하고 싶었던 미용 일도 못하게 되었다.

그동안 이뤘던 것들을 포기할 법도 했지만 여기서부터 그녀의 진가가 드러난다. '더 바깥으로 좀 움직여야겠다.' 나윤 씨는 그렇게 마음먹고 세상을 향해 한 걸음씩 전진하는 모습이었다. 세상과 직접 부딪치면서 '괜찮네. 나름 괜찮구나.' 그런 느낌을 받았다는 인터뷰를 이어간다.

"시도하지 않았다면 이렇게 편하게 다니지 못했을 것 같아요."

"장애인이라고 못할 게 없더라구요."

"잘 살 수 있습니다!"

그녀는 이게 아니면 안 된다는 절실함 덕분에 일반인도 해내기 어렵다는 피트니스 대회에서 결국 1등을 거머쥐게 된다. 절실함이 나윤 씨를 강하게 만들었다. 마지막 장면에서 그녀는 이런 말을 한다.

"첫 시도는 누구나 다 두렵고, 누구나 다 어려울 거 같아요. 이것은 한번 해볼 만하다고 다짐하면서 조금씩 조금씩 시도하고 도전하는 삶을 살아야 할 것 같아요."

영상을 보는 내내 가슴이 먹먹했다. 하나는 그녀가 이겨낸 삼년이란 세월이 느껴지면서, 내 안에도 이런 삶을 향한 간절함이 있는지 말이다. 사실 나에게도 죽음으로부터 벗어나서 살고 싶다는 간절함이 있었다. 이 글을 쓰는 지금으로부터 정확히 육년 전, 나는 극심한 우울증에 몸서리치고 있었다. 매일 눈을 뜨는 것이 무서울 정도로 삶의 희망이 밑바닥까지 꺼지곤 했다. 완전히 무너진 상태였다. 사지는 멀쩡했지만 지탱하던 마음 한쪽이 없어진 것만 같았다.

'살고 싶다, 살아 내고 싶다, 반드시 여기서 벗어나고 싶다.'

'다시 태어난다면, 아니 이 어둠 속에서 벗어날 수 있다면 다시 태어난 마음으로 살아가리라.'

생전 처음으로 가슴 깊은 곳에서 간절하게 외쳤다. 벗어날 곳이 없었다. 여기가 끝이라는 생각이 들 때쯤 새벽 기상을 만나고, 동시에 새벽 독서, 글쓰기 등을 통해 팔 개월간의 긴 어둠의 터널을 벗어날 수 있었다. 나윤 씨는 피트니스를 통해 새로운 삶의 동아줄을 잡았다면, 나는 글쓰기를 통해 한 걸음 내딛는 용기를 얻었다.

그 뒤로 어떤 문제를 맞닥뜨릴 때마다 잠시 멈춰 서서 이런 생각을 한다. 내가 지금 상황에서 할 수 있는 것이 무엇일까? 작은 것부터 하나씩 해보자. 나윤 씨가 가졌던 그 마음 그대로였다. 작은 것부터 하나씩 하다 보면 얽혀 있던 실마리가 풀리곤 했다.

도전하는 것도 이와 마찬가지다. 책 쓰기를 도전했을 때 주변의 우려와 달리 나는 묵묵히 한 페이지씩 채워 갔다. 하루에 A4용지 한 페이지를 쓰면 책 한 권 분량의 원고를 구성하는데 100일이 걸리고, 하루에 두 페이지를 쓰면 50일이 걸린다.

나는 간절함을 무기로 하루에 열 페이지씩 작성하여 11일 만에 초고를 완성하게 되었고, 그 책이 『독서교육 콘서트』로 출간되어 세상과 소통하고 있다. 삶을 향한 간절함이 이렇게 강하게 작용할지는 나 역시 기대하지 않았다. 그저 묵묵히 생각의 꼬리를 물고 손이 가는 대로 생각을 하는 대로 적고 또 적기를 반복한 결과였다. 내가 할 수 있는 작은 실천이었다.

삶에 문제가 있다면 그 문제들을 하나씩 적어 보자. 이제 오른쪽으로 화살표를 그린다. 지금부터가 중요하다. 문제 상황에서도 내가 할 수 있는 것들을 적는 것이다. 거창하게 목표를 적지 않아도 된다. 지금 할 수 있는 작은 행동들을 적는 것으로도 충분하다. 그러다 보면 조금씩 삶의 의욕이 생기고, 끌려 다녔던 인생은 오히려 끄는 힘이 생기게 된다. 지금 할 수 있는 작은 행동, 그 행동이 중요하다.

세상에서 가장 아름다운 하트

아침 교실 문을 열면 아이들이 〈모닝페이지〉를 쓴다. 마음의 두 줄 쓰기 노트이다. 등굣길에 보고, 듣고, 만지고, 느낀 것 등 생각나는 것을 쓴다. 두 줄만 쓰면 된다. 그러니 아이들은 부담 없이 쓴다. 그 이상 써도 좋다고 이야기하면 한 페이지 가득 쓰는 친구도 있다. 칠판에 숫자를 적는다. 나는 20이란 숫자를 적고 아이들의 반응을 살핀다.

"선생님, 저 숫자는 뭔가요?"

"글쎄. 뭘까요? 알아 맞춰 주세요."

"음… 선생님 나이?"

"와~ 선생님께 이런 극찬을 하다니. 아쉽게도 땡!"

"선생님 뭔지 알려주세요."

"힌트는 바로 아침."

"아! 모닝페이지 제출한 사람이요."

"정답. 오늘 우리 반 26명 중 20명이나 모닝페이지를 냈네요. 신기록입니다. 선생님은 너무 기쁜 걸요. 칠판에 '26'이란 숫자가 적히는 날을 기대합니다."

이 중에서 세 개의 노트가 눈에 띈다. 첫날부터 열흘이 지난 날까지 아무 내용도 쓰지 않고 그냥 제출하는 친구들이 있었다. 아이들이 정성껏 적고 제출한 모닝페이지에 나는 댓글을 달아주는 것으로 소임을 다한다.

'아무 내용도 적지 않은 친구는 어쩐담.'

첫날 날짜를 적고 그 친구들을 생각하며 글을 남긴다. 둘째 날도, 셋째 날도 마찬가지로 빈 공간에 나만의 글이 채워진다. 드디어 그중 한 친구가 글을 써서 제출했다. 너무나 기뻤다. 선택적 함구증을 가진 아이, 지아(가명)와의 소통은 그렇게 시작되었다.

새 학년 첫날이었다. 방과 후 한 부모님으로부터 장문의 문자가 왔다. 이유는 자녀가 선택적 함구증으로 말하는 것을 두려워하고, 무엇보다 관심받는 것을 힘들어하기에 지나친 관심을 주지 않았으면 하는 바람으로 보낸 문자였다. 그러고 보니 지아와의 첫 만남을 생각해 보니 유독 말이 없었다.

'그런 이유가 있었구나!'

그날부터 지아를 유심히 살펴보았다. 다행히 나에게 잘 다가왔고, 쉬는 시간마다 내 옆에 있었다.

"지아는 좋아하는 게 뭐야?"

무언가 이야기를 하는데 잘 들리지 않아 귀를 갖다 댄다. 목소리가 작지만 그래도 이야기를 해준다.

"아직 좀 낯설지? 천천히 선생님과 함께 이야기해 보자. 목소리 들려줘서 고마워요."

나의 호의가 싫지 않은 듯 가볍게 미소를 짓고 자기 자리로 돌아가는 지아. 어느 날은 무언가 열심히 책상에 표현하고 있었다. 나는 이 친구의 일상을 유심히 살펴보곤 한다. 뭐하는지 궁금해서 잠시 옆에 앉아서 구경한다. 놀랍게도 책상 위에 검은색 가루로 무언가를 그리고 있다. 처음에는 지우개 가루인 줄 알았는데 아니다. 스크래치 페이퍼에서 나온 검은 가루다. 그것이 이렇게 예술 작품으로 탄생하는 순간이다.

지아를 자세히 관찰하니 참으로 예술적 감각이 좋다. 샌드아트를 하면 참 잘할 것 같다. 이것을 시작으로 지아가 매일 나를 콕 찌른다. 자기 작품을 봐 달라는 이야기다. 나는 반응한다.

"와~ 어떻게 이런 생각을 했어요. 어렵지 않아요? 정말 대단해요."

그리고는 엄지손가락을 치켜세운다. 기분이 좋은지 또 하나의 작품을 보여준다. 우린 그렇게 조금씩 마음을 열고 있다.

학기 초에 아이들의 이름을 선생님도 외우고, 서로서로 외우기 위해 네임텐트를 만든다. 팔절지를 사등분하여 접으면 쉽게 네임텐트를 만들 수 있다. 가운데 이름을 크게 쓰고, 왼쪽 위에는 꿈, 오른쪽 위에는 자신의 장점, 이름 아래에는 듣고 싶은 말을 적는다.

지아의 네임텐트를 살펴본다. 모두 적혀 있다. 장점은 '그림 잘 그림'이라고 선명히 써 있다. 자신의 장점을 아는 친구다. 듣고 싶은 말을 보니 '같이 놀자'이다. 이것을 알고 나서 지아에게 다가가기가 더 쉽다.

"지아야, 오늘은 어떤 것을 하면서 놀까?"

지아가 나를 바라본다. 말을 건네니 내 눈을 바라본다. 마주 보는 힘이 여기서 나온다. 우린 눈으로 이야기를 나눈다. 지아가 무언가를 또 만들고 있다. 역시 우리 반의 콘텐츠 생산자, 지아는 매일 무언가 작업을 하고 결과물을 만들어 낸다. 말은 많이 하지 않지만, 생각이 많은 아이, 어쩌면 우리 반에서 가장 자신과의 대화를 많이 하는 아이일 것이다.

내 팔을 톡톡 건드린다. 오라는 표시다. 지아의 책상으로 가니 웬걸, 네임텐트 안에 또 다른 네임텐트가 나온다. 아니, 여기서 끝이 아니다. 그 속에 또 있고, 또 계속 나온다. 그렇게 일곱 개의 네임텐트가 크기별로 작게 펼쳐져 있다. 러시아 인형 마트료시카가 떠오른다. 미술 시간에 자주 만들던 마트료시카, 지아는 이것을 알고 만든 것일까? 아니면 자기 생각으로 만든 것일까? 그것은 중요하지 않다. 중요한 것은 지아가 끊임없이 생각하고 생산하고 있다는 점이다.

선택적 함구증. 검색해 보니 '특정 상황에서 말하기를 거부하는 증상을 보인다'라고 되어 있다. 솔직히 나도 말하기 싫을 때가 있는데…. 관련 질병으로 사회 불안장애, 사회공포증, 불안장애 등 좋지 않은 어감의 질병들과 연계되어 있다.

과거 위인들의 책을 읽다 보니 우리가 사회적으로 부르는 병증들이 많았다. 헬렌 켈러의 경우 삼중고를 겪었고, 에디슨, 아인슈타인 등은 교실에서는 일반적인 학생이 아니었다. 누군가가 자신을 병자로 취급하니 좋아할 사람은 누가 있겠는가. 나라도 싫겠다.

기다림이란 무엇일까? 아직 어린아이들이다. 혹자는 이야기한다. 빨리 처방받고 해결해야 한다고. 그런데 그것은 어른의 관점이지 아이의 관점이 아니다. 아이가 말을 하기 어려워한다면 다른 방법으로 소통하면 된다. 그것이 또 어렵다면 또 다른 방법으로. 그것이 어른으로서 아이에게 해줄 수 있는 기다림의 미학일지도 모른다. 물론 내 방법이 정답은 아니다.

나는 그저 교육자의 위치에서 지아를 바라볼 뿐이다. 아이와의 소통의 끈을 놓지 않기 위해 노력할 뿐이다. 나는 지아를 선택적 함구증으로 보지 않는다. 그저 일반 아이와 다르게 소통하는 아이.

지아와 함께한 지 십여 일이 지나자, 이제는 귀를 갖다 대면 소리가 제법 크게 들리게 이야기를 한다.

"선생님, 이리 와 보세요."

조용히 다가와 나에게 무언가를 주고 간다. 하트가 그려진 스티커, 세상에서 가장 아름다운 하트다.

"고맙다, 선생님께 마음을 열어줬구나. 우리, 남은 시간에 너의 목소리를 좀더 키워 보자. 파이팅."

이렇게 나와 지아는 매일 소통이 이뤄지고 있다.

PART 3

교사,
메신저가 되라

SELF MANAGEMENT

생산자

확장

실패

시작

열정

선택

기회

감성

함께

영향력

인생

★ **keyword 27** 생산자

보여주기, 가장 좋은 교육

"선생님, 저는 잘하는 것이 없어요."

"너는 친구에게 친절하고, 이야기를 잘 들어주고, 모르는 문제 있으면 잘 알려주잖니? 네 주변에 좋은 친구들이 많더라. 여러분 중에 우리 친구의 장점을 말해 줄 친구가 있나요?"

"저요. 주변 정리 정돈을 잘해요. 책상 주변과 책상 속, 사물함 정리하는 모습을 보니 저와는 다른 세상에 있는 친구 같습니다."

"공부도 잘해요. 제가 잘 몰라서 머리를 긁적거리면 어느새 다가와서 친절히 알려준다니까요."

"그림도 잘 그려요. 미술 수업에서 표현하는 것을 보면 주제를 자신만의 방법으로 소화하곤 해요."

"어때? 친구들이 너에게 하는 말을 잘 들었니? 장점이 얼마나 많은지. 그것을 조화롭게 잘해서 너만의 멋진 인생 그림을 펼쳐 보렴."

아이들에게 학기 초부터 학년 말까지 줄곧 이야기하는 것이 너의 강점에 주목하라는 것이다. 사람마다 살아온 환경과 생각, 경험이 다르기에 각자 꽃피울 수 있는 시기가 다르고, 중요한 것은 분명히 자신만의 열매가 가슴 깊은 곳에 있다는 것이다.

그동안 나는 수많은 실패력과 다양한 경험을 하면서 많은 사람의 마음을 조금이나마 공감할 수 있는 공감력이 생겼다. 실패력도 스토리 스팩이 될 수 있다. 내가 그런 경험이 없었다면 머리로는 인지할 수 있을지 몰라도 가슴 깊이 공감할 수 없었을 것이다. 모든 경험이 가치가 있는 이유이다. 성공이든, 실패든 누군가는 나의 이야기를 기다리고 있을지도 모른다.

자신의 강점을 잘 모르는 경우가 많다. 그래서 주변 사람들에게 이런 질문을 자주 한다.

"요즘은 어떤 것에 관심이 많으세요?"

"장점은 무엇인가요?"

놀랍게도 답변을 바로 하는 사람은 소수에 불과하다. 그렇다고 그 사람이 열심히 안 사는 것도 아니다. 누구보다 열심히 산다. 그 말은 자신 이외의 것에 열심히 한다는 의미이기도 하다.

교사가 되고 나니 더 뼈저리게 느낀다. 타인의 삶을 중심으로 살아가는 교사가 대부분이다. 수업을 열심히 하고, 학급경영, 학교 업무, 연수 등 정말 열심히 살아간다. 그런데 정작 멈춰서서 자신을 돌이켜 보면 어떤 생각으로 살아가는지 잘 모르는 경우가 있다.

책에 자주 등장하는 '생각대로 살지 않으면, 사는 대로 생각하게 된다'라고 한 폴 부르제의 말이 딱 여기에 어울린다. 나도 그랬고, 동료 교사도 그랬고, 대부분 사는 대로 생각하는 삶을 살아가고 있다. 앞뒤 문장이 비슷해 보이지만 어떤 것이 먼저 나오느냐에 따라 큰 차이가 있다.

생각대로 사는 사람은 자기 삶을 주체적으로 살아가는 반면, 사는 대로 생각하는 사람은 자기 삶을 주체적이 아닌 타인의 점으로 찍히게 되어 있다. 아쉽게도 교사의 삶을 깊이 있게 관찰해 보면 대부분의 삶이 후자이다. 사는 대로 생각하는 삶!

자신의 강점을 모아 보라. 교사 집단은 능력자가 많다. 자신이 잘할 수 있는 분야가 충분히 있다. 그것을 발휘하는데, 학교라는 공간은 다소 한계가 있다. '나 이거 잘해요'라고 하면 바로 업무가 혹처럼 달리는 격이니 먼저 나설 이유가 없다고 한다. 그저 묵묵히 시키는 것에 자기 능력을 맞춰 가면 되는 곳으로 점점 물들어 간다.

그 틀을 벗어던지기 위해서는 나의 강점을 확실히 다질 수 있는 공간이 필요하다. 여기서는 소비자(사는 대로 생각하는 사람)가 아닌 생산자(생각대로 사는 사람)가 되는 몇 가지 통로를 이야기하고자 한다.

공모전을 활용한다

공모전은 누구에게나 열려 있는 무대이다. 아동부터 초·중·고등학생을 넘어 일반인들에게 열려 있는 무대라고 보면 된다. 자신의 장점을 마음껏 펼칠 수 있다.

한 달에 두 번 정도 주기적으로 내가 보는 공모전 사이트가 있다. 〈씽굿(www.thinkcontest.com)〉이다. 자신이 관심 있는 분야별로 정리가 잘 되어 있다. 나는 주로 글쓰기, 독서, 영상 등에 관심 있어서 UCC/영상, 문학/수기 등을 클릭하여 관련 정보를 얻곤 한다.

아이들에게 주문하기 전에 먼저 나부터 도전하는 모습을 보여준다. 보여주기가 가장 좋은 교육이다. 거의 반세기 동안 인간 마음의 신비를 탐구한 조셉 칠턴 피어스(Joseph Chilton Pearce)의 말을 기억하

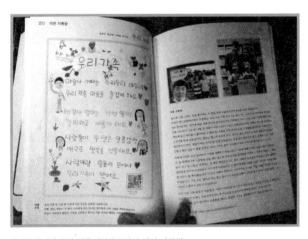

반도문화재단 주관 가족시화공모전 수상작 시화집

밀알샘 자기경영 노트

자. '아이들에게는 우리가 하는 말보다 우리의 인격이 더 큰 영향을 끼친다. 그러므로 우리 아이들이 되기를 바라는 사람의 모습을 우리 자신이 보여줘야 한다.'

반도문화재단에서 가족 시화 공모전을 한다는 것을 알고 여덟 살 쌍둥이와 아내, 나 이렇게 가족회의를 했다. 가족 시를 사절지에 만들고, 그것을 액자에 꾸민 다음 제출하는 과제였는데, 우리는 여기에 하나 더 넣었다. 가족 시를 노래로 만들어서 QR코드를 액자에 붙이기로 했다. 그 결과 상금 삼십 만 원과 우리 가족 이야기가 실린 시화집을 받을 수 있었다.

공모전 하면 소개하고 싶은 사람이 있다. 먼저 그동안 그의 수상 내용을 간략히 소개한다.

• 드라마 부문 신인문학상 수상(2017)

- 수필 부문 신인문학상 수상(2017)
- 단편소설 부문 신인문학상 수상(2017)
- 시 부문 신인 문학상 수상(2018)
- 대한민국 인재상 수상(2019)
- 기록 〈일기〉 분야 경상남도 의회의장상 수상(2020)

이 수상 경력 외에도『런던, 그곳에서』(소설),『농산 청년 꿈을 펼치다』 등을 쓴 주인공은 박상준 청년 작가이다. 그는 대한민국 꿈드림 코치로서 꿈과 희망을 전하고 있다. 그의 블로그를 보면 얼마나 도전하는 사람인지를 알 수 있다. 이 글을 쓰고 있을 때 확인된 도전 개수가 3,700번째였으니 가히 도전의 아이콘이라 불릴 만하다.

태어나면서 잘하는 사람은 없다. 꾸준히 도전한 결과, 지금의 멋진 꿈쟁이로 살아가는 그의 모습에서 많은 이들이 동기부여를 받았으면 좋겠다. 공모전, 당신도 도전할 수 있다.

좋은 생각을 활용한다

짧은 글이지만 여운을 주는 글귀가 많은 월간『좋은 생각』. 당신도 응모할 수 있다. 홈페이지(www.positive.co.kr)에 원고 응모란이 있다. 자신이 자신 있어 하는 글을 응모할 수 있다. 생활 문예 대상, 에세이, 사소한 일, 옳고 그름, 보고 싶은 사람, 나의 실수담, 좋은 시 등 우리가 일상생활에서 보고 듣고, 겪은 일 중에서 작은 깨달음이라도 있는 순간이 있다면, 그것을 글로 적어서 원고를 응모하면 된다.

만약 선정된다면 상품도 받고 글도 실린다. 탈락하면 어떻게 되냐, 감사하게도 『좋은 생각』한 권을 보내준다. 잃을 것이 전혀 없다. 글은 쓰면 쓸수록 다듬어진다. 자기 생각을 꾸준히 글로 담았으면 좋겠다.

한 저자를 소개한다. 그녀는 아래와 같이 고백을 하고 있다. "오직 저의 이야기라고 할 만한 포스팅(블로그)을 한 날이 2월 9일입니다." 그 전까지는 단편적인 이야기만 채웠던 글들이었는데 처음 용기 내어 쓰게 되었다고 한다. 이 글은 『좋은 생각』제16회 생활 문에 대상 분야에 응모하였고 입선하였다.

당시 글의 제목은 '엄마, 귀로 듣지 말고 마음으로 들어 봐.'였다. 그 이후 삶이 담긴 글을 쓰게 되었고, 강점인 비폭력대화, 미라클모닝 등의 글을 써서 결국 『엄마를 위한 미라클모닝』을 출간한 그녀는 오감나비 최정윤 선생님이다.

오(늘도), 감(사하고), 나(누고), 비(전을 실천)하는 삶의 태도를 지향한다는 의미인 '오감나비'를 필명으로 활동하고, 선한 영향력으로 많은 분의 성장을 돕는 메이커 역할을 하고 있다. 저자가 만약 원고를 응모하지 않았다면 어떤 마음으로 글을 쓰고 있을까? 원고 응모가 글을 쓰는 삶을 살아가는 데 도움이 되었다는 고백을 그녀에게서 듣게 되었다.

지금 읽고 있는 이 책을 잠시 내려놓고 짧은 글을 적어 응모하라. 작가의 삶은 머나먼 곳에 있는 것이 아닌 바로 당신 곁에 있을지도 모른다.

블로그를 활용한다

2016년부터 블로그를 활용했다. 책을 읽다가 좋은 내용을 기억하고 싶었다. 그동안 책을 많이 읽긴 했는데 막상 기억이 나지 않았다. 어떻게 하면 내가 읽었던 좋은 문구를 단번에 찾을 수 있을까? 노트에 적는 것은 습관이 되어 있지 않을 때여서 핸드폰으로, PC로 쉽게 접근할 수 있는 것을 찾다가 블로그가 보였다.

공부 좀 해보니 섹션별로 구분할 수가 있어서 관리가 쉬웠다. 〈책 속의 명언〉 코너를 만들어서 읽다가 좋은 구절이 나오면 사진을 찍어 블로그에 기록했다. 되돌아보면 그것이 기록 인생의 시작이었다.

놀랍게도 기록하면 할수록 더 적고 싶었다. 적자생존(적는 자만이 살아 남는다.)의 삶이 펼쳐진 것이다. 이어서 학급경영, 수업 노하우, 아이들과의 일상을 담은 교단 일기를 적기 시작했고, 새벽에 일어나 책 속의 좋은 글귀와 더불어 생각을 담은 글들을 한 편씩 남기게 되었다. 일과 중 감사한 것들을 적기도 하고, 배움, 만남, 각종 떠오르는 생각들을 한 편씩 담다 보니 어느새 5천여 가지 글이 모아졌다.

블로그에서의 글쓰기가 책 쓰기까지 이어져 서로 다른 콘텐츠의 저서들을 출간할 수 있었다. 지금 이 글을 쓸 수 있게 된 것도 블로그 글들이 있어서 가능한 일이었다.

자! 이렇게 해볼까? 관심 키워드를 적고, 우선순위를 정한다. 블로그를 만든다. 관리 영역에서 섹션별 키워드별로 하나씩 생성한다. 블로그가 디자인이 되었을 것이다. 이제 섹션마다 자신만의 콘텐츠를 생성해 본다. 처음에는 시간이 걸릴 것이다. 누군가에게 잘 보이려고, 완벽하게 하려고 하지 않아도 되고, 점점 다듬어지니 미리 걱정하지 않아도 된다.

하나의 그림을 그렸다고 가정하자. 그림을 그리기까지 자기 생각이 담겨 있을 것이다. 사진을 찍고 블로그에 이미지를 불러온다. 그림과 관련된 나만의 생각을 담아 한 편의 글을 써 본다. 발행 버튼을 누르면 세상에서 하나뿐인 글이 완성된다. 나는 이렇게 글을 한 편 완성할 때마다 이런 느낌으로 자축하곤 한다.

"세상에서 단 하나뿐인 나만의 글이 완성되었다. 이것을 통해 누군가는 좋은 영향을 받을 것이다. 가장 먼저 영향을 받는 사람은 그 누구도 아닌 바로 나다. 이 글을 그 누구보다 사랑한다. 오늘도 세상에 따뜻한 흔적을 남긴 사람이 되었다."

무슨 글 한 편으로 이런 위.대.한 생각을 하냐고 반문하겠지만 이런 마음으로 블로그에 글을 올린다면, 한 편만으로 끝나지 않을 것이다. 2탄, 3탄, 계속 쓰고 싶어진다. 블로그에 글을 썼더니 삶을 바라보는 관점이 바뀌고, 그저 스쳐 지나쳤던 모든 것들이 글감이라는 것을 알게 된다.

지나가는 생각을 잡기 시작한다. 그냥 두면 달아나기에 달아나는 생각을 꺼내 블로그에 넣었더니 삶이 기록이 되고, 그 기록은 결국 삶력의 에너지가 된다. 흩어지는 생각을 블로그에 담아라.

유튜브를 활용한다

경제 전문가이자 진로 교육 전문 선생님을 만난 적이 있었다. 식사 자리에 함께하면서 이런 질문을 드렸다. "앞으로 어떤 분야가 주목을 받을까요?" 그분은 어떤 미사여구도 없이 딱 한마디를 남겼다. "유튜브입니다."

2020년, 원격수업이 교육 현장에 들어오면서 수많은 선생님께서 유튜브로 수업 콘텐츠를 생산했다. 그동안 수업은 영상으로는 기록되지 않았기에 교실에서 한 번 사용하면 소멸하는 소비적 콘텐츠였던 반면에 영상으로 담아 공유되는 생산적 콘텐츠가 많아졌다. 팬데믹이 가져온 긍정적인 교육 측면이다. 양질의 교육 콘텐츠가 기하급수적으로 늘어났다.

콘텐츠를 소비하는 자세에서 생산하는 자세로의 변화는 많은 것을 시사한다. 영상으로 기록 도구가 연결되면서 영상 분야에서의 적자생존이라는 또 하나의 정의가 내려진다. 콘텐츠를 생산하는 사람들이 많아졌으면 좋겠다. 생산한다는 것은 나의 가치를 드높이는 놀라운 효과를 가져오기 때문이다. 이렇게 해보라.

- 그림 그리기를 좋아한다면 그리는 과정을 영상으로 담아 유튜브에 올린다.
- 종이접기를 좋아한다면 종이 접는 과정을 영상으로 담아 유튜브에 올린다.
- 운동을 좋아한다면 운동하는 노하우를 영상으로 담아 유튜브에

올린다.

- 큐브 맞추기를 좋아한다면 큐브 맞추는 노하우를 영상으로 담아 유튜브에 올린다.
- 수학 문제 푸는 것을 잘한다면 문제 푸는 과정을 영상으로 담아 유튜브에 올린다.
- 게임을 좋아한다면 게임을 즐기는 방법을 영상으로 담아 유튜브에 올린다.
- 피아노 연주를 좋아한다면 피아노 연주하는 모습을 영상으로 담아 유튜브에 올린다.

공통점은 자신이 좋아하는 것을 꾸준히 영상으로 담는다는 것이다. 『유튜브의 신』의 저자 대도서관의 말을 귀담아들어 보자.

"내가 관심 있고 잘할 수 있는 분야를 지속 가능한 콘셉트로 기획해 일주일에 최소 두 편씩 일 년간 꾸준히 업로드하라!"

이 이야기를 듣고 반문하는 분도 있을 것이다.

"누가 보겠어요? 이미 분야마다 많은 영상이 있잖아요?"

대도서관은 말한다.

"쫄지 마세요! 일단 찍고, 올려 보세요!"

여기 한 학생을 소개한다. 그림을 좋아하는 한 소년, 일곱 살 때부터 공책에다 손 그림을 그렸다. 블로그에 그 그림을 올렸다는 소년. 2021년 3월 NFT를 알게 된 뒤 그린 그림을 NFT 아트 마켓에 판매를 하기 시작한다. NFT 아트라는 것은 NFT(Non-Fungible Token), 즉 대체 불가능한 토큰에 자산정보, 창작자, 소유자, 제작일 등을 부여해 디지털 예술작품의 고유성을 증명하는 것이다. 고유한 자산으로 인정받는다.

작품을 올리는 방법은 쉽다. 이미지를 업로드하고, 작품 개수를 정하고, 가격을 설정해 올리는 데까지는 5분~10분 정도라고 하니 누구나 접근하기 쉽다.

그 소년은 '모니터 헤드'라는 작품을 시작으로 다양한 작품을 게시하게 되는데, 본인을 아뜨티프(Atthief)라고 소개한다. 소년은 지금 열네 살이고, NFT로 번 돈이 무려 1천 800만 원이라고 한다. 위 내용이 궁금한 분은 '최연소 작가 아뜨티프'를 검색하라.

교직 생활을 하다 보니 학급에 눈에 띄는 그림쟁이들이 보인다. 매일 그림을 그리는 친구들이다. 위 소년처럼 그림을 그리는 것에만 그치는 것이 아닌 콘텐츠로 생산한다면 그림의 가치는 어떻게 될까? 꼭 판매해서 돈을 번다는 것이 아니더라도 자신의 그림을 누군가로부터 인정받는 느낌은 삶을 한층 더 풍요롭게 해주는 효과를 가져온다.

학급 아이들이 주로 활용하는 그림을 그리는 도구 '이비스 페인팅' 애플리케이션이 있다. 그림을 그리면 그것을 압축하여 영상으로 자동 만들기도 한다.

그런 취미를 가진 아이들에게 "친구야! 네 그림은 충분히 가치가 있기에 그 영상을 유튜브에 올려 보렴. 누군가 네 그림을 통해 영향을 받고, 깊은 관심을 가질 거야. 처음에는 그림 영상만 올리다가 차츰 영상 편집 공부를 통해 그림을 그리게 된 배경과 그림체를 설명하는 영상을 또 올리면 좋지. 영상이 하나둘씩 쌓이면 네 영상을 좋아하는 구독자들이 늘어나고 취미로 시작한 그림 실력이 쌓여 어느 순간 진정한 디지털 아티스트가 되어 간단다. 어때? 너만의 영상 방을 만드는 것이. 이왕 재밌게 하는 그리기를 세상과 소통하면 좋겠구나."라고 말하기도 한다.

이렇게 이야기하니 조금씩 영상을 소비했던 친구들이 영상을 생산하여 콘텐츠를 나누는 역할로 바뀌면서 유튜브가 주는 긍정적인 면을 흡수하는 모습을 본다. 당신의 콘텐츠를 만들어 보면 어떨까?

그라폴리오를 활용한다

그라폴리오(grafolio.naver.com)는 창작자들의 놀이터다. 처음 알게 된 것은 신배화 작가[18] 가족과 만남을 통해서인데, 첫째 딸이 일러스트를 그리고, 그것을 '그라폴리오'에 올리는 것을 보았다. 궁금하던 찰나에 나 역시 그곳을 들어가 보니 수많은 창작자가 가득해서 적잖게 놀랐다. 이런 곳도 있구나!

일러스트뿐만이 아니었고, 카테고리가 다양했다. 사진, 회화, 캘리그라피, 디자인, 애니메이션, 사운드, 조소/공예, 헬로 아티스트 등 창

---

18) 『아리야, 내 마음을 알아줘』 저자, 박현주 그림, 별숲

작물을 한 곳에 압축시켜 놓은 듯했다. 서로 느낌과 댓글, 팔로워, 더 나아가 OGQ마켓 등 다양하게 확장할 수 있었다. 자신의 숨은 작품을 이곳에 나눠 보기를 바란다.

이번 주제에 많은 페이지를 할애한 이유가 있다. 우리는 정말 다양한 재능을 갖고 있다는 것이다. 『타이탄의 도구들』[19]에 만화가 스콧의 이야기가 나온다. 그는 자신을 가리켜 '나는 세상에서 찾기 어려운 만화가'라고 했다. 수많은 만화가가 있지만 이렇게 자신감이 흘러넘치는 이유는 뭘까? 그런 자신감의 비결을 보니 고개가 절로 끄덕여진다.

그의 이야기를 그대로 옮겨 본다.

"나는 만화가인 탓에 대부분 사람보다 그림을 잘 그린다. 하지만 피카소나 고흐는 아니다. 또 코미디언들보다 웃기지는 않지만, 대부분의 사람들보다는 유머 감각이 뛰어난 편이다. 여기서 중요한 건 그림도 제법 그리면서 우스갯소리도 곧잘 하는 사람은 드물다는 사실이다. 이 두 가지가 조합된 덕분에 내 만화 작업은 평범하지 않은 진기한 일이 될 수 있었다. 여기에 내 사업 경험까지 추가하면, 놀랍게도 나는 세상에서 매우 찾기 어려운 만화가가 된다."[20]

저자 스콧 애덤스(Scott Adams)는 그냥 만화가가 아니다. 유머까지 겸비한, 또한 사업의 경험까지 가진 세상에서 매우 드문 만화가이다.

---

19) 팀 페리스 지음, 박선령, 정지현 옮김, 토네이도, 재인용
20) 스콧 애덤스, 〈딜버트〉 만화가, 인용

우리는 다양한 관심 분야가 있고, 때로는 전문가 수준처럼 곧잘 하기도 한다. 그것들을 조합하면 거울에 비친 자기자신이 된다. 일명 조합형 인간이다.

누구나 조합된 삶을 살아간다. 각자의 위치에서 가치 있는 것들의 합이 바로 자신이 된다. 모두 다 완벽할 수는 없지만, 관심 분야만큼은 곧잘 해낸다. 학교에서는 지정된 교과의 합으로 학생들을 평가하고 서열화시키지만, 사회는 아니다.

자신이 정한 분야가 서로 직조되어 일터에서 개인의 삶에서 투영된다. 누구나 1등을 할 수 있는 비결이 여기서 나온다. 다양한 조합의 평균값을 따지면 세상 속 1등이 될 수 있다. 나의 조합은 이렇다.

- 직업은 초등학교 교사이고, 독서를 좋아하고, 이렇게 기록을 하고, 글을 쓴다.
- 책을 출간하기도 한다, 강의를 나간다, 영상 제작도 한다, 노래도 곧잘 부른다.
- 악기 중에서 기타와 드럼 연주를 한다, 마술도 할 줄 안다.
- 영어도 두려움 없이 잘할 수 있다. 교사, 학생, 학부모들의 성장을 돕는다.

나는 다양한 것들에 관심이 많다. 이것을 한데 모으니 세상에서 하나뿐인 '나'라는 사람이 된다. 조합해 보니 세계에서 평균 1등이 된다. 나와 똑같은 분야를 일치되게끔 좋아하고 잘하는 사람은 없다. 그래서 1등이 될 수 있는 비결이다.

이런 명제가 만들어진다. '나는 세상에서 매우 찾기 어려운 초등학교 교사다.' 두 가지 이상 괜찮은 능력을 결합함으로써 자신의 자존감을 높일 수 있을 것이다.

"자본주의는 희귀하고 가치 있는 것들을 보상해 준다. 두 가지 이상의 괜찮은 능력을 결합해 자신을 보기 드문 존재로 만들어야 한다. 그때 우리는 1등을 이길 수 있다."[21]

당신의 조합은 무언인가? 한번 적어 보라. 나처럼 조합한 여러분 또한 세계 1등이 될 수 있다. 우리 함께 자신 있게 세상을 향해 나아가 보자.

내가 좋아하고, 잘하는 것 쓰기	자신을 한 문장으로 표현하기

---

21) 『타이탄의 도구들』 인용

나만의 파이프라인 구축하기

『파이프라인 우화』[22]를 소개한다. 1801년 이탈리아 중부의 작은 마을에서 파블로와 브루노 두 젊은이의 이야기가 시작된다. 두 친구는 물통을 들고 강물을 길어 물탱크 채우는 일을 한다. 물 한 통에 1페니씩 계산하여 하루치 품삯을 받는다.

브루노는 "와, 이런 행운이 찾아오다니 믿을 수가 없군. 이건 내가 꿈꿔 오던 일이야."라고 했고, 노동한 만큼 대가를 받는 것을 기뻐했다. 브루노와는 달리 파블로는 자신이 꿈꿔 온 일은 이것이 아니라면서 '물을 좀 더 쉽게 마을로 끌어올 방법을 찾아야겠어.'라고 생각했다. 두 친구의 생각은 서로 달랐다.

브루노는 온종일 100통을 나르면서 하루 1달러를 번다. 파블로는 하루 몇 시간만 물통으로 물을 나르고 나머지 시간과 주말에는 물을 끌어오는 파이프라인을 설치한다. 브루노는 도대체 파이프라인을 설치하는 파블로를 이해하지 못한다. 심지어 마을 사람들은 물론이고 친구인 브루노마저 파블로를 '파이프라인 맨'이라며 놀려댄다.

그럼에도 불구하고 파블로는 '오늘의 고통은 미래의 성공을 보장한다'며 날마다 파이프라인을 설치한다. 파이프라인은 조금씩 완성되

---

22) 버크 헤지스 지음, 라인, 참조

고, 그 사이 브루노는 그동안 번 돈을 소비하느라 바쁘다.

드디어 학수고대하던 파이프라인이 완공된다. 파이프라인을 타고 물이 나오는 모습을 보자 마을 사람들은 너도나도 좋아한다. 이제는 파블로를 향해 사람들은 이렇게 부른다. 기적을 일으킨 사람!

그럼 브루노는 어떤 모습으로 살아가나? 마을 사람들은 이제 그를 '물통지기'라고 부른다. 패배의식에 빠져서 삶을 잃어 가던 브루노를 파블로가 사업 파트너로 손을 내민 끝에 포옹하는 장면으로 이야기를 마친다.

이 이야기에서 발견한 것은 무엇인가? 나는 삶 속에서 경제 분야를 어떻게 발전시켜 나갈 것인가에 대한 자세를 배울 수 있었다. 당신에게 몇 개의 파이프라인이 존재하는가? 월급뿐이라면 브루너처럼 노동력이 끊어지는 순간 수입이 없다. 상상만으로도 아찔하다. 사람 일은 누구도 알 수 없기에 파블로식 파이프라인을 하나씩 구축하면 좋겠다.

작가

2012년부터 독서를 시작하여 2016년에는 블로그를 시작했다. 블로그를 하니 글쓰기가 재밌고, 하루하루 삶을 기록하는 재미에 빠져 있었다. 쓸거리가 넘쳐났다. 먼저 학급 이야기, 우리집 아이들의 성장 일기, 오늘 하루 감사 일기 등 기록이 삶의 속도를 따라잡기가 쉽지 않을 정도였다. 감사 일기의 경우 신. 육. 지. 덕. 체 테마로 신앙, 육아,

독서, 나눔, 운동 등을 매일 기록했다. 기록은 하면 할수록 삶을 지탱해 주는 견고한 뿌리 역할을 했다.

글쓰는 것에 재미를 느끼던 중 작가의 꿈을 꾸었다. 관련 도서를 읽고, 관련 강의를 들으며, 나의 키워드였던 '독서교육'에 대한 글을 써 내려갔고, 2017년 10월 첫 저서가 탄생된다.

어느 날 문득 글을 쓰는데 한 단어가 번쩍였다. 책. 테. 크! 맞다. 나는 작가라는 세계에 들어오면서 책을 통해 또 다른 수입원을 늘릴 수 있었고, 평생 책테크하면서 살아야겠다는 다짐을 했다. 그 뒤로 매년 한 권씩 출간하는 소망을 품게 되고, 이 에너지는 결국 아내에게 이어져 부부 작가로 살아가고 있다.

유튜버

유튜브는 구독자 1천 명, 재생 시간 4천 시간이 되면 광고 수익을 받는다. 누구나 남들보다 조금 더 잘하는 콘텐츠가 있다. 나는 독서, 기록, 글쓰기, 책 쓰기, 노래, 학급운영 등 관심이 있기에 이와 관련된 영상 자료를 올리기 시작했다. 영상 하나를 만들 때마다 시간과 노력이 들었지만, 한 편이 완성되면 참으로 뿌듯하다.

누군가는 이 영상으로 도움을 받을 것이고, 이런 선순환의 에너지는 또 다른 누군가에게 힘이 될 것이라는 기대가 있다. 어그로를 끌기 위해서 억지로 하지 않는다. 그저 묵묵히 내가 좋아하는, 다른 사람들에게 도움이 되는 콘텐츠를 하나씩 만들어 간다.

그러다 보니 광고를 달 수 있는 조건이 되었다. 인기 유튜버처럼 많은 수익을 얻는 것은 아니다. 중요한 것은 그 길을 열었다는 점이다. 내가 가진 노하우를 또 다른 누군가에게 길을 열어줄 수 있다는 그 자체가 좋다.

우리 반 아이들에게도 꾸준히 강조하는 말이 있다.

"우리 친구들의 시대는 예전과 달리 원하는 것을 많이 이룰 수 있는 플랫폼이 존재합니다. 특히 유튜브를 잘 활용해 보세요. 종이접기를 좋아한다면 얼굴 나올 필요 없이 손만 나오게 하여 종이 접는 영상을 촬영하는 것입니다. 영상 편집 기술을 배워서 자신의 채널에 올리는 것이에요. 이왕 만드는 종이 작품이라면 동시에 영상도 만들어서 누군가에게 도움도 주고, 자신의 온라인 포트폴리오를 하나씩 늘려가는 것입니다."

"과거에 종이로만 이뤄졌던 포트폴리오가 클릭 한 번으로 그동안 만들어 오는 과정을 PR할 수 있는 시대가 왔으니 얼마나 좋은가요. 자신이 좋아하는 콘텐츠를 많이 만들고, 많이 나누세요. 유튜브를 소비하기보다는 생산하는 데 치중하면 다가올 미래는 우리 친구들의 것이 됩니다. 브랜드는 그냥 오는 것이 아닌 그동안의 과정이 쌓여서 조금씩 만들어지는 것이에요. 선생님은 우리 친구들이 이런 플랫폼과 친해졌으면 좋겠습니다."

성공한 유튜버가 제시한 것처럼 일 주일에 2편씩 2년 동안 100여 편을 만들면 누구나 이곳에서 빛을 볼 수 있고, 해당 분야 전문가가 될

수 있다. 자, 자신의 콘텐츠를 영상으로 어떻게 만들 것인지 기획자의
시각에서 바라보자. 유튜브만 제대로 활용해도 파이프라인은 구축될
것이다.

강사

교사에겐 대표적으로 활용하기 좋은 두 가지 좋은 강사 플랫폼이
있다. 하나는 티처빌에서 운영하는 〈쌤동네(ssam.teacherville.co.kr)〉, 또
하나는 교육부에서 운영하는 〈지식샘터(educator.edunet.net)〉다. 쌤동
네의 경우 자신의 노하우를 일정한 금액을 받고 나눌 수 있다.

예를 들어 '꼬마 작가 만들기 시 짓기 프로젝트'에 대한 수요가 있
다는 가정 아래 노하우를 1인당 1만 원씩 측정하여 2시간 강의를 하려
한다. 50명까지 들어올 수 있게 개설했다고 하자. 50명이 모두 들어오
면 신청 금액 50만 원 중 일정한 수수료를 제외하고 나머지 돈을 받을
수 있다.

다른 사람에게 도움이 되는 지식을 두 시간 동안 풀어주고, 몇 십
만 원 혹은 그 이상을 벌 수 있는 구조다. 이것은 세계 최고 동기부여
가 브렌든 버처드(Brendon Burchard)의 저서 『메신저가 되라』에서 강조
한 내용이다. 메신저 산업의 가장 쉬운 것 중 하나다. 큰 흐름만 짚어
보면 이렇다. 다음 5단계를 통해 지식 산업을 합법적으로 펼쳐갈 수
있다.

1. 관리자에게 관련 강의에 대한 사전 허락을 득한다.

2. 쌤동네 강의를 개설한다.

3. 쌤동네에 관련 공문을 요청한다(이메일로 공문을 받게 된다).

4. 받은 공문을 학교 비전자 문서로 접수한다.

5. 외부 강의 신고서를 작성(학교 내부 기안 공문)한다.

반면 지식샘터의 경우, 크게 5가지 절차로 운영된다. 지식샘(강사)
은 지식샘 활동 등록 및 신청, 강의실 꾸미기, 강좌 운영, 결과보고서
제출, 학습자 지원 등의 활동을 하고, 수강생의 경우 지식샘터 접속,
강좌 수강 신청, 강의 이수, 만족도 설문 참여, 이수증 발급 등의 절차
로 이뤄진다.

강좌 주제는 크게 온라인플랫폼(e학습터, EBS 온라인클래스 등), 교과
별콘텐츠, 저작도구, 화상수업, AI(SW)교육, 수업저작권 등 6개 영역
으로 이뤄져 있다. 최소 수강 인원이 5명으로 인원이 미달한 경우 폐
강이 된다. 강사료는 쌤동네와 달리 차시별로 다르게 지급이 된다.

구분	기준
1-4차시 운영	기본 10만 원 + (차시별 강의 수당 4만 원)
5-9차시 운영	기본 15만 원 + (차시별 강의 수당 4만 원)
10-14차시 운영	기본 20만 원 + (차시별 강의 수당 4만 원)

외부 강의 신고 지침에 따라 운영하면 되고, 학교에 지식샘터 강의 관련하여 공문이 주기적으로 온다는 장점이 있다. 지식샘터 홈페이지에 지식샘 등록부터 강좌 개설 방법 안내문이 자세히 기재되어 있으니 참고하기 바란다.

쌤동네든 지식샘터든 자신의 콘텐츠를 나눌 기회를 많이 만들었으면 한다. 강의를 준비하면서 고민하게 되고, 그 고민은 자신의 콘텐츠를 탄탄하게 만드는 경험이 되기 때문이다.

내 경우 쌤동네에서 다양한 루틴으로 강의를 하곤 하는데 교사 책 쓰기, 학급 시집 제작, 학급운영, 교사 사이드 프로젝트 등 일단 하고 싶은 주제를 정하고 대략적인 구상을 한다. 큰 흐름이 구상되면 강의를 개설한다. 그 다음 구체적으로 하나씩 준비한다.

강의 날짜가 다가올수록 생각도 많아지는데, 필요한 자료를 패들렛 플랫폼에 모은다. 링크 하나만으로 강의에 이뤄지는 모든 자료를 한 곳에 담을 수 있게 되어 수강자에게 링크 공유만 하면 된다. 참 좋은 세상이다. 자료 모으기도 좋고, 나누기도 좋다. 강사의 삶은 나를 더욱 단단하게 해주는 또 다른 파이프라인이다.

전자책

교실 바깥에만 나가 보아도 여기저기서 전자책 이야기를 한다. 전자책이 눈에 띄기 시작한 것은 전혀 생각지도 못한 분야를 공부하면서 시작되었다. 저자 송 사무장의 『엑시트』를 읽고 경매에 관심이 생겨 관련 내용의 저서를 찾아 읽고, 유튜브도 검색하였다. 알고리즘을 통해 다양한 유튜버들을 만나게 되었고, 그중 '내성적 건물주'라는 필명으로 활동하는 제이든(채병도)의 영상은 핵심 내용을 전달하는데 쉽고 강력한 전달력이 있었다. 바로 탈잉(taling.me)에 올라온 그의 강의를 정주행했다. 그의 메시지는 확고했다. 바로 지식 산업이다.

무자본으로 영역을 무한하게 확장할 수 있는 지식 산업. 그는 그렇게 지식 산업의 자신의 식견을 전자책이라는 도구를 활용하여 판매하였고, 많은 돈을 벌었다. 유튜브를 통해 전자책 검색만 해봐도 수많은 콘텐츠가 읽히고 있다.

전자책의 경우 크몽(kmong.com), 탈잉 등 재능 플랫폼을 통해 판매할 수도 있지만, 쉽게 접근할 수 있는 유페이퍼(upaper.net)를 통해 제작 및 유통을 할 수도 있다. 전자책은 특성상 짧은 시간에 노하우를 전할 수 있는 콘텐츠라면 좋다. 예를 들어 에세이를 썼다면 '감성적인 에세이를 쓰는 방법', 썸네일을 잘 만든다면 '단시간에 눈에 확 띄는 썸네일을 만드는 방법' 등 즉각적인 도움이 되는 콘텐츠라면 더욱 좋다. 만약 돈 버는 나만의 방법을 알고 있다면 전자책을 통해 빠르게 자신만의 파이프라인을 구축할 수 있을 것이다.

자가 출판 플랫폼

첫 번째 이야기한 '작가되기'의 경우, 원고를 쓰고, 원고를 받아줄 출판사를 정하는 절차가 필요했다면 부크크의 경우 50페이지 이상 원고라면 누구나 쉽게 출판할 수 있는 통로다. 자가 출판 플랫폼이란 POD 형식의 제작 방법을 말한다. 예스 24, 알라딘, 교보문고 등 대형 온라인 서점에서 유통이 가능하다.

나는 매년 부크크를 통해 학급 아이들의 시를 모아서 시집을 출간하고, 이런 경험을 통해 전교생 책 쓰기 프로젝트를 하여 2021년에는 우리 학교 학생들의 책 25종이 출간되었고, 650명의 꼬마 작가를 배출할 수 있었다. 그 경험을 확장해 더 많은 양질의 작품을 제작하고자 한다.

작가, 유튜버, 강사, 전자책, 자가출판 플랫폼 외에도 할 수 있는 것들이 많다. 나와 어울리는 것들을 하나씩 살을 붙이면 된다. 교사의 경험은 곧 아이들에게 산 교육이 되므로 많은 경험지수를 높이면 좋다. 당신의 파이프라인은 어떤 것인지 궁금하다.

★ keyword 29 실패

툭툭 털고 다시 도전한다면

인간의 실수야말로 인간을 진정으로 사랑스럽게 만든다고 한 괴테의 말을 통해 실수는 더욱 사람을 사랑스럽게 만든다는 것에 공감하게 되었다. 그동안 나는 얼마나 많은 실수를 했는지 헤아릴 수가 없을 정도다.

어느 한 재테크 카페에서 돈버는 독서 모임에 참여한 적이 있다. 독서 모임 참여비가 몇만 원이었지만 주저하지 않았다. 나는 가난한 사고를 버리고 부자의 마인드를 갖겠다는 다짐을 했기에 돈 이상의 무언가를 바라보고 바로 신청했다.

추천 도서를 읽고 미리 주어진 5가지의 논제를 함께 이야기 나누는 형식이었다. 그동안 나의 실패를 이야기하고 앞으로의 비전을 이야기하니 독서 모임 리더가 이렇게 표현했다.

"김진수 님은 그 누구보다 훌륭한 경험 부자입니다. 비록 힘들었겠지만, 그 경험이 부자가 되는 데 큰 힘이 될 것입니다."

그렇다. 실패에 대해 두려워 아무것도 하지 않는 미련한 짓을 하기보다는 실패해도 괜찮다는 마음으로 가치 있는 일에 도전하며 살아왔다. 지금까지 많은 실패를 경험했다. 그 경험은 곧 내 삶에 큰 힘이 되었다. 실패라고 쓰고 실패력이라고 읽는다. 학창 시절을 비롯한 수많은 나만의 실패력은 미래의 약이 되었다.

외국어 고등학교 낙방, Y대학교 낙방, 각종 아르바이트 경험(신문 배달, 찹쌀떡 팔기, 장난감 날개 끼우기, 유명 가수 콘서트 홍보, 장난감 노점상, 과일 가게에서 일하기, 식당 홀서빙, 전화번호부 광고 섭외하기 등), 연애의 좌절, 주식 투자 중독, 바닷가에서 죽을 뻔한 경험, 스키장 낭떠러지에서 떨어질 뻔한 경험, 스키장에서 뼈가 부서질 정도로 심한 충돌, 놀이터 엉덩방아(2미터에서 자유 낙하, 척추 다치지 않은 것이 감사), 초등학교 때 담배꽁

초 주워 피우다 기절한 경험, 초등학교 시절의 도벽, 거짓말, 게임 중 독(초등~중1), 중학교 1학년 때 성적인 농담하다가 도덕 선생님께 걸려서 퇴학 권고 당한 경험, 어머니께 심한 욕설을 했던 점, 무리한 대출로 인한 마음 고생, 이기려고 기를 썼던 모든 순간, 오락실 앞잡이 노릇, 산소 벌통 건들기, 1대 3 싸움 중 도망, 컨닝 경험, 군인 시절 전방 부대에서 중요한 정보를 대수롭지 않게 여겨 정보 누락시켰다가 사건에 휘말린 일 등 모든 것들이 지금의 나를 만든 귀한 경험들이다.

이런 경험을 통해 스스로 대견하게 생각하는 것은 실패하더라도 실패로 인정하지 않고 잠시 좋은 경험을 했다고, 앞으로는 똑같은 실수를 범하지 않는다고 여긴다는 점이다. 아주 많이 엎드려 있기보다 다시 툭툭 털고 새로운 도전 또는 재도전의 힘을 발휘할 수 있었다. 내공이 쌓인 모습이 아닐까.

남들은 점수 쌓는 스펙에 힘을 쏟았다면 나는 스토리 스펙을 쌓는 데 시간을 보냈다. 수많은 실수를 통해 지금의 내가 만들어졌음을 인정한다. 지금도 실수투성이기에 이것을 발판삼아 더 나은 내가 되기 위해 다시 툭툭 털고 일어나 걸어가곤 한다.

"최초의 계획이 실패하면 어떻게 하는 것이 좋을까? 주저할 것 없이 새로운 계획을 세운다. 실패한다면 또다시 계획을 세운다. 이것이 바로 성공의 포인트다. 성공을 원한다면 실패를 거듭해도 이를 교훈삼아 새로운 계획을 세워야 한다."[23]

나폴레온 힐은 나에게 끊임없는 계획 - 실천 - 수정 - 실천하기를 주문한다. 지금 눈앞에서 보이는 것이 오뚝이다. 오뚝이는 옆으로 쓰러뜨리려고 하면 다시 일어난다. 잠깐 넘어질 것 같다가 다시 일어나는 힘! 이것이 어쩌면 삶을 살아가는데 중요한 키(key)다.

한 교사 커뮤니티에 글 하나가 올라왔다. "교사가 이렇게 기 빨리는 직업이었나요?" 그분의 감정을 읽어 본다. 학급운영에서 실패를 거듭하고 있다는 내용이다. 교사의 전문성은 수업에 있다고 하지만 그보다 더 시급한 것이 학급운영이다. 학급운영에 안정감이 있어야 수업으로 이어지기 때문이다. 토드 휘태커(Todd Whitaker)[24]는 마음을 얻어라. 그다음에 가르치라고 했다. 아이들의 마음을 얻는다는 것, 이 한 마디를 깊이 있게 이해해야 학급운영은 꽃피울 것이다.

교사는 수많은 곳에서 기가 빨리기도, 얻기도 한다. 25명이 되는 학생들과 그들에게 있는 내면 아이까지 합하면 족히 50명을 가르치는 셈이다. 여기에 더 나아가 그들의 부모와 부모의 내면 아이까지 합하면 학생 25명이란 숫자는 단순한 인원수가 아닌 150명의 사람과 공존하는 하루하루를 맞이하는 것이다. 1대 150, 기가 빨리지 않을래야 않을 수가 없다.

나 역시 그랬다. 아이들을 보낸 방과 후가 되면 이상하리만큼 힘이 쭉 빠지고 그냥 멍하니 있다가 퇴근하기 일쑤였다. 집에 도착하면 졸

---

23) 『놓치고 싶지 않은 나의 꿈 나의 인생 1』 나폴레온 힐, 국일미디어, 인용
24) 『훌륭한 교사는 무엇이 다른가』 저자, 교육자이자, 작가, 동기부여 연사, 교육 컨설턴트.

음이 와서 저녁을 먹고 그저 침대와 몸이 하나가 되기까지 오랜 시간이 걸리지 않았다. 이런 하루하루의 반복 속에 거창하게 품었던 꿈은 온데간데 없이 세월만 흐른다.

우스갯소리로 교사의 에너지가 거의 바닥이 될 때 방학이 찾아오고, 부모의 에너지가 바닥이 될 때 개학이 찾아온다는 이야기가 있듯이, 7월과 12월은 나 역시 그런 마인드로 버틴 채 꾸역꾸역 하루를 살아가곤 했다.

학급에서 어떤 문제가 발생하면 그동안 지탱해 오던 중심 또한 와르르 무너져 눈물로 하루를 보내던 선생님들의 모습이 주마등처럼 스쳐 지나간다. 무엇이 이토록 교사의 기를 빠지게 하는가!

교육에 실패는 없다. 그저 넘어지는 경험만 있을 뿐이다. 그 또한 교육이다. 매일 넘어지고 일어서는 곳이 교실 현장이다. 그러면서 오늘 하루도 성장하는 우리들의 모습이다.

교실 속의 모습을 블로그에 기록하기 시작한 2016년, 기록만 했을 뿐인데 괜스레 멋져 보였다. 오늘 하루 일 중 의미 있는 것들을 하나씩 기록해 보니 쓸거리가 꽤 있다. 나도 뭔가 있는 교사라는 생각이 든다. 쓰면서 아이들의 마음을, 나라는 사람의 강점을 알게 되었다.

나를 알고 나니 아이들이 더 자세히 보인다. 나태주 시인의 말은 사실이었다. 자세히 보아야 예쁘다는 것. 나도, 너도, 우리도 그렇다. 교실에서 만난 글감을 끄적끄적 적어 본다. 실패라고 여겼던 하루도 쓰는 순간 실패력이 생긴다. 이상하게 그동안 소비되던 에너지가 생산적으로 바뀌기 시작한다. 교직에 대해 쓰면서 기가 더욱 생기게 된다는 것을 알게 되었다.

★ keyword 30 시작

한 걸음 내디딘 덕분에

지금 주변 환경을 탓하는 마음이 있는가? 한 사람을 이야기하고자한다. 그를 본 첫 장면은 하반신 없이 농구 골대에 덩크하는 모습이었다. 상반신만 가진 장애인, 꼬리 퇴행 증후군(하반신의 성장이 제대로 이뤄지지 못하는 희귀병)을 앓고 있었다. 보육원, 초등학교 시절 왕따 등으로 부정적인 하루하루를 살아가던 그에게 한 줄기 빛이 보이기 시작한다. 180도 삶의 관점을 변하게 해준 책을 만난다. 레슬링 선수 카일 메이나드(Kyle Maynard)의 자서전이었다.[25]

카일은 팔과 다리가 온전치 않았음에도 일반인들 사이에서 레슬링을 통해 전국 12등이라는 성적을 올리기도 한다. 이런 그의 일대기이자 자서전이 미국에서 널리 읽히게 되고, 결국 우울함에 깊이 빠져있는 초등학생인 열두 살, 그 소년에게 다다르게 된다. 책 덕분에 자신도 할 수 있다는 희망을 만난다. 동시에 소년에게 꿈이 생긴다.

---

25) 『변명은 없다』 카일 메이나드 지음, 한주리 옮김, 가야넷, 참조

소년의 꿈은 카일처럼 레슬링 선수가 되는 것이었다. 두 팔만 온전히 가진 소년이 꿈만 가진다고 요술처럼 이뤄지지 않는다. 초등부 시절 단 1승도 거두지 못하게 되지만 포기하지 않고 묵묵히 자신의 길을 간다. 결국 지금의 그는 56킬로 이하 체급 레슬링 선수, 국가대표 선수 휠체어 레이스 선수가 되어 많은 이들에게 힘과 용기를 주고 있다고 한다.

아니 상체와 하체의 균형이 필요한 레슬링에서 어떻게 하반신이 없는 상태로 최고의 선수가 될 수 있었을까? 내가 직접 보지 않고 누군가에게서 듣기만 했다면 그저 웃으면서 이렇게 말했을 것 같다. "세상에 그런 사람이 어딨어? 말도 안 돼." 두 팔로 장애가 없는 선수들을 압도해 버린다면 어느 누가 믿겠는가? 나의 고정관념을 깬 사나이, 우리는 그런 그를 이렇게 부르곤 한다. 자이언 클라크(Zion Clark).

장애를 이긴 사람들의 이야기를 만나게 되면 깊이 감동한다. 우리가 아는 삼중고를 이겨낸 헬렌 켈러부터 서른아홉 나이에 소아마비가 걸려 하반신 마비가 되었지만, 그것을 극복하고 미국 역사상 4선 대통령이 된 프랭클린 D. 루스벨트, 어린 시절 언어장애를 극복하고 철의 통솔력으로 2차 세계대전을 종전시킨 윈스턴 처칠, 대학생 시절 루게릭병으로 인해 시한부 선고를 받았지만 일흔이 넘는 나이까지 세계 최고의 천체 물리학자의 삶을 산 스티븐 호킹, 삼십 대에는 아무 소리도 들을 수 없는 청각 장애를 겪고 있음에도 불구하고 수많은 음악을 탄생시킨 베토벤, 팔과 다리가 없이 태어났지만 불가능한 것들을 도전하며 희망의 메신저로 변신한 닉 부이치치, 뇌성마비를 지녔음에도 최고의 방문 판매원이던 빌 포터, 양 손가락 합쳐도 넷밖에 없지만 멋진 피아노 연주를 통해 감동을 전하는 피아니스트 이희아, 임종하기 전 팔 년 동안 실명 수준에 이르렀을 정도로 눈이 보이지 않는 답답한 상태에서도 백성들에게 글자라는 소중한 선물을 선사해 준 세종대왕 등 수많은 위대한 사람들이 있었다.

자! 이제 거울 앞에 자기 모습을 비춰 볼까? 머리부터 발끝까지 하나하나 샅샅이 살펴보자. 이미 당신은 무한한 가능성을 펼칠 수 있는 많은 것들을 갖고 있다. 이렇게 상상해 보자. 우리는 석공이다. 당신 앞에 큰 돌이 있다. 그것을 자신이 원하는 모습으로 조각한다. 어떤 모습으로 조각하고 싶은가? 자신이 상상한 그 모습 그대로 조각이 된다면 당신은 어떤 모습을 그릴 것인가?

이탈리아 조각가 미켈란젤로는 다비드상을 조각할 때 이렇게 생각했다. "나는 돌 속에 갇혀 있는 다비드만 보고 불필요한 부분을 제거했다." 다비드처럼 생각하고 실천하자. 불필요한 부분(부정적인 생각)을 제거하고 필요한 부분(가능성)만 남겨두면 된다.

나는 서른이 넘도록 제대로 꿈을 꿔본 적이 없었다. 그저 살다 보면 어떻게 되겠지. 그러다가 책을 만나면서 독서에 푹 빠지게 되었다. 다양한 책들을 읽었고, 그중 사람들의 꿈 이야기가 좋았다. 직접 꿈을 꿔본 적이 없었으나 꿈쟁이들 삶의 이야기를 읽으면서 서서히 닫혀 있던 문들이 하나씩 열리는 것만 같았다.

나도 제대로 된 꿈을 꾸고 싶다는 그 마음으로 한 권씩 독파해 갔다. 이런 마음도 들었다. '꿈은 아무나 이루는 것이 아니야. 나같이 평범한 사람들에게는 그것은 헛된 과소비에 불과해.' 부정적인 생각이 몰려오는 순간이다.

그러던 중 미켈란젤로의 다비드상 이야기를 읽게 되었다. 어떻게 했을까? 책에 적힌 대로 끝에서 시작했다. 꿈을 이룬 내 모습만 생각하고 불필요한 것들은 하나씩 제거하기로 했다. 강규형의 『성과를 지배하는 바인더의 힘』에는 이와 비슷한 개념으로 '역산 스케줄링을 하라'고 조언한다. 말 그대로 종료 데드라인을 생각하고, 중간, 시작 데드라인을 생각하여 실천하면 된다.

당시 내가 하고 싶었던 것은 강사의 삶이었다. 누군가에게 내 경험을 나누고 싶었다. 경험에서 알게 된 지혜가 누군가의 삶에 도움이 될 수 있다고 생각하니 삶의 가치가 한층 높아진 느낌이었다. 어떻게 하면 강사가 될 수 있을까? 고민하기 시작했다.

내가 갖고 있던 키워드는 '초등학교 교사' 하나였다. 어떻게? 어떻게? 어떻게? 그 해결점을 만나기까지 오랜 시간이 걸리지 않았다. 대부분 강사를 보니 이력에 공통적인 것이 있었는데, 그것은 바로 저서였다. '작가가 된다? 하지만 어떻게?' 그전까지 생각해 보지 못한 분야였다. 독서 나이 다섯 살이었을 때였고, 별별 글들을 블로그에 끄적끄적할 무렵이었다.

하지만 길이 보이니 가슴이 두근거렸고, 도전하고 싶었다. 다양한 책에서 나보다 훨씬 어려운 상황 속에서도 글을 쓰고 책을 출간한 저자들의 이야기를 읽으면서 그들의 발자취를 따라가고 싶었다.

심한 화상을 입었음에도 끝까지 포기하지 않은 삶을 살아낸 이지선 작가는 『지선아, 사랑해』를 출간했고, 루게릭병을 앓고 있음에도 세상 속에서 한 획을 그은 스티븐 호킹 박사는 『시간의 역사』를 출간, 2002년 '국내 최연소 농구 코치'로 발탁되어 새로운 농구인의 인생길을 걷다 루게릭병 판정으로 거의 침대에서 생활하게 되었으나 눈으로 세상과 소통하면서 쓴 박승일의 『눈으로 희망을 쓰다』, 뇌종양과 싸우며 100억 회사를 만든 임희성 『계단을 닦는 CEO』 등 본받고 싶은 저자들이 많았다.

그들에 비하면 나는 100미터 달리기에서 수십 미터 앞에서 출발한 격이다. 그 생각을 하니 도전을 마다할 이유가 없었고, 한 페이지씩 채워 가기 시작했다. 그동안 살아온 나에게 주는 보상이라도 된 듯 생각의 실타래를 하나씩 풀어 나가면서, 내 안에 잠자던 무언가가 조금씩 깨어나는 기분이었다.

그냥 좋았다. 논문 한 번 쓰지 않았고, 보고서 한 장 쓰기 싫었던 나였지만, 이상하게 내가 생각한 것들을 한 문장씩 펼치다보니 마냥 좋았다. 끝에서 시작한 사유가 저자의 길에 들어설 수 있게 했고, 2017년 첫 책을 출간한 이후 몇몇 저서를 집필하게 되었다.

돌이켜 본다면 '넌 아직 안 돼'라는 자기 검열에 빠진 채 도전하기를 주저했다면, 완벽해지기 위해 준비만 했다면 지금도 그저 열심히 사는 한 사람에 지나지 않았을 것이다. 한 걸음 내디딘 용기, 그 덕분에 많은 것을 성취할 수 있었다.

영화 『기적』을 관람하였다.[26) 관람객 평점 9.86을 받은 작품이었다. 깊은 산골짜기에 살면서 힘들게 공부의 끈을 이어 오던 주인공 박경준이 우주에 관심이 있는데, 전국에서 한 명 뽑는 선발 시험(미국 NASA 체험 등 다양한 혜택이 주어지는 유학프로그램) 보기를 주저하는 장면에서 누나에게 "내 떨어져도 뭐라 안 할 거지?"라고 하자, 누나는 "내가 꼭 붙으라 했나? 도전하라 했지."라고 말한다.

해보지 않고는 무엇을 해낼 수 있는지 알 수 없다. 실패를 두려워하기보다 그렇게 도전하는 삶을 살아보자. 자신이 그려놓은 다비드상을 만나게 될 것이다. 사람은 자신이 그린 대로 삶을 살아간다.

★ keyword 31 열정

우리가 가진 최고의 무기

삶을 살아가는데 필요한 열정, 지금까지 살면서 다양한 노력을 했고, 후회 없다고 고백할 정도로 열심히 살아왔다. 잘한 것도 있고 잘

---

26) 실화를 바탕으로 만든 이장훈 감독의 작품

하지 못한 것도 있겠지만, 중요한 것은 과거가 아닌 현재를 통해 미래를 그려 나간다는 점이다.

어느 순간부터 앞으로의 삶이 두렵지 않게 되었다. 나에게는 소리가 아닌 열정의 온도가 있기 때문이다. 죽을 때까지 열정을 지니며 사는 것이 내 소망 중 하나다. 잭 웰치는 "모든 승자들은 열정을 가지고 있다. 열정이야말로 승자와 패자의 차이를 가장 잘 나타낸다. 너무 사소해서 땀흘릴 만한 가치가 없는 일이란 존재하지 않으며, 실현되리라 바라기엔 너무 큰 꿈은 존재하지 않는다. (중략) 열정은 목소리 크기, 혹은 화려한 외모와는 상관이 없다. 열정은 내면 깊은 곳에서 비롯되는 것이다."[27]라고 했다.

열정이 있냐 없냐는 어떻게 확인할 수 있는가? 그것은 내가 하고 싶어하는 것들이 꾸준히 있다는 점이다. 해야 할 일이 아니라 하고 싶은 것, 즐길 수 있는 것. 만약 해야 할 일과 하고 싶은 일이 일치하는 삶을 살고 있다면 열정은 배가 될 것이다. 일과 사명을 일치하는 일과 표의 삶이다.

독서를 하면서 하고 싶어하는 것이 무엇인지 알게 되었고, 기록하고 글을 쓰면서 그것에 대해 확신을 하게 되었으며, 책을 쓰고, 강의하면서 확신을 스스로 증명할 수 있었다. 그제서야 비로소 열정을 지닌 삶이 어떤 것인지 조금은 알 수 있게 되었다.

---

27) 『황금의 씨앗을 뿌려라』 공병호 지음, 21세기북스, 인용

한 초등학교에서 독서 강의를 했다. 40명 선생님에게 했던 질문 중 하나는 관심 키워드가 무엇인지였다. 아쉽게도 몇 분만이 자신을 나타내는 키워드에 대한 확신이 있었다. 해야 할 일을 하지만 하고 싶은 일이 무엇인지 모르니 퇴근 이후도 다람쥐 쳇바퀴 도는 삶이 계속되었다. 에너지가 생산되기보다는 소비되면서 하루하루 그럭저럭 지나가게 된다. 일 년 뒤 삶을 돌아보면 기억나는 것이 없이 그저 열심히 살았다는 고백만 남게 된다. 어느 순간 열정은 사라진 채 그럭저럭 살아가는 삶.

트리나 폴러스(Trina Paulus)의 『꽃들에게 희망을』을 아이들과 함께 읽는다. 책을 읽다 보면 아이들이 주의 깊게 보는 장면이 있는데 바로 애벌레 기둥이다. 남들이 다 올라가기에 꼭대기로 가면 무언가 있을지도 모른다는 희망을 품고 그저 묵묵히 위로 또 위로 오르기만 하는 애벌레. 가장 위로 올라가니 한 번 더 놀라운 장면이 연출된다. 이런 무의미한 애벌레 기둥이 저기에도, 또 저기에도 무수히 많았다.

매년 이 책을 읽으면서 나 역시 무의미하게 기둥 위로 올라가고 있는 것은 아닌지 생각에 잠기곤 한다. 애벌레 기둥을 탈출하는 방법은 열정을 지닌 삶, 나비가 되는 것이다. 순간 뜨거운 열정보다 지속적인 열정을 지닌 자가 되는 것이 중요하다. 열정은 우리가 가질 수 있는 최고의 무기가 틀림없다. 나는 이렇게 열정을 만나고 있다. 크게 세 가지로 제시한다.

나에게 질문하기

열정을 지닌 사람을 자세히 관찰해 보면 그들은 하나같이 자신과의 대화를 많이 한다. 자신과의 대화는 질문을 통해서 가능하다. 매일 일어나면 나에게 하는 질문이 있다. "오늘은 어떤 의미 있는 하루를 보내고 싶니?" 더도 말고 하루 중 의미 있는 한 가지를 발견하자.

잠을 청하기 전 하루 의미를 준 키워드를 떠올리며 글을 쓴다. 하루 동안 나에게 주는 질문에 대한 답을 하는 것이다. 이렇게 끊임없이 나에게 질문하고 답을 하면서 그것을 기록으로 쌓아 가다 보면 안갯속에 있는 것처럼 보이지 않을 것만 같았던 내 삶의 방향이 잡힌다.

이제 흔들려도 다시 돌아올 힘이 있다. 애벌레 기둥에서 과감히 내려올 수 있는 용기가 생긴 것이다. 방향이 있으므로. 그러나 방향을 잡았어도 방황을 만나게 된다. 그때 만난 방황은 생산적인 방황이다. 괴테가 "노력하는 한 방황하는 법이라네."라고 말한 의미를 바로 그때 알게 된다.

나를 성장시키는 100권의 독서

이 책에서 지속해서 강조하는 것은 독서다. 책 속에 길이 있음을 알게 된 이후 나는 책에 흠뻑 빠졌다. 일명 보물찾기의 맛을 느끼고, 그것을 계속 찾아 나선 모험가의 길을 선택했다. 책 속에 금은보화가 있다면 어떻게 하겠는가? 가만히 있을 것인가? 아니면 시간을 내서라도 열심히 찾고 또 찾을 것인가?

수많은 위인과 성공자들은 하나같이 이야기를 한다. 책을 읽어라. 책 속에 보물이 숨겨져 있다! 아무리 강조해도 지나치지 않은 독서, 나를 성장시키는 책 100권 리스트를 만들어서 하나씩 독파해 보자. 책을 읽고 내 삶에 적용할 것들을 목록으로 만들어서 그것을 이뤄 가는 것이다. 책 속에서 본 것이 무엇인지, 깨달은 것이 무엇인지, 그를 통해 적용할 것(본.깨.적)이 무엇인지를 쓰고 행하면 삶과 이상의 교차점이 생긴다.

지나고 나면 알게 되는 티핑 포인트가 찍히는 순간이다. 이런 경험을 하나씩 쌓다 보면 어느 순간 누가 시키지 않아도 손에 책이 들려 있게 된다. 열정을 지속해서 지닐 수 있는 최소한의 노력, 독서를 만나면 가능하다.

관계 맺기

자신의 5년 뒤의 삶을 그려볼 방법은 지금 읽고 있는 책과 만나는 사람이 누구인지를 보면 어느 정도 유추가 가능하다. 그만큼 책도 책이지만 내가 지금 어떤 인물들을 만나는지는 매우 중요하다. 주변에 할 수 없다는 부정적인 말을 많이 하는 사람들로 가득한지, 할 수 있다고 이야기해 주는 사람들이 가득한지 생각해 보자. 누구와 어울리고 있는가? 어떤 사람들이 주변에 많은가? 여러분의 미래는 더욱 긍정적인 사람들로 가득 채워라.

교사의 틀을 넘고자 2016년, 자기 계발 모임에 들어갔다. 그들을 처음 만나고 너무 놀랐다. 나보다 어려운 상황에 있는 사람들이 많았는데도 하나같이 얼굴빛이 달랐다. 뭔가를 통달한 느낌이 들었다. 삶의 확신을 가진 얼굴이었다. 문제는 해결된 것이 없지만 마인드를 극복하니 전과 다른 삶을 살아간다는 그들의 고백에서 나 역시 동기부여가 되었다.

나도 그렇게 살고 싶었고, 그래서 그들이 해 온 모습을 그대로 따라하기 시작했다. 점점 주변에 성장을 갈망하고 노력하는 사람들이 많아졌고, 지금은 그런 사람들과 한마음 한뜻으로 함께 성장을 외치며 나아간다. 내가 받았던 에너지를 이제는 나눌 힘이 생긴 것이다.

5년 전의 삶과 지금 내 삶의 모습은 확연히 다르다. 2020년부터 교사 성장모임 〈자기경영 노트〉를 운영하고 있다. 독서, 기록, 글쓰기, 책 쓰기를 통해 교사의 잠재력을 끌어내어 자립할 수 있도록 돕는 모임이다. 많은 선생님들이 에너지를 받고, 그것을 또 다른 방법으로 나누는 모습을 본다. 함께 성장하고 시너지가 극대화 된다.

2기 모임을 마치고 성장의 끈을 이어 가셨던 유민아 선생님의 시가 참으로 인상깊다. 그녀의 시처럼 나 역시 고맙고, 또 고맙다고 말하고 싶다.

오합지졸 같은 내 삶에
나무 한 그루가 생겼다.
하루하루 물을 주고

거름을 주고

해를 비추고

가끔은 벌레를 잡아주고 있다.

힘 빠지고 지쳐서 고개가 축 처질 때

한 번씩 나무 주위를 빙 돌아본다

나무는 그늘을 주고 어둠을 익히라 하고

바람을 보여주고 흔들릴 줄 알아라 한다.

시간은 헛되지 않으니

기둥을 넓히고

잎을 키우고 때로는 떨구며

해와 바람을 다 겪어내라 말한다.

나무를 안고

오늘은 울고 싶다. 말하고 싶다.

고맙고, 미안하고, 또 고맙다고. - 유민아의 시, 나무를 심다

다시 한번 묻는다. 여러분은 지금 어떤 사람들과 관계를 맺고 있는가? 5년 뒤 어떤 모습으로 살아가길 원하는가? 우리는 어느 관점에서 보면 세 가지에 취약하다.

- 나에게 질문하기보다는 아이들에게 질문한다.
- 그동안 학업에 열심히 했기에 독서를 등한시한다.
- 교실 공간이라는 울타리를 벗어나기 힘들다.

이 논리가 전부는 아니다. 이 세 가지에 No라고 당당히 외치는 당신이라면 이 책을 덮어도 좋다. 이미 당신만의 열정 인자로 인해 멋진 삶을 살아가고 있을 테니까. 무의미하게 남들이 가는 기둥을 오르고 있다고 여긴다면 기둥에서 뛰어내려라. 그 용기가 열정의 씨앗이 되어 멋진 열매를 가져다주리라 확신한다.

★ **keyword 32 선택**

자기경영의 아버지, 피터 드러커처럼

『엑시트』의 저자 송희창(송 사무장)은 3년의 내공 쌓기를 강조한다.

"나의 대답은 늘 같다. 지금의 고수들 역시 처음에는 아무것도 모르는 초보였고, 용어를 익히고 책을 읽을 읽으며 지식을 하나씩 쌓아가는 과정을 통해 공부를 완성해 온 것이라고, 그리고 책이나 경험담 등을 통해 공부를 완성하기까지의 기간은 보통 2년 정도가 걸리며, 이렇게 공부한 지식을 활용하여 실전에서 수익을 내기까지는 대략 1년의 기간이 걸려 총 3년이면 가능하다고 말이다. 3년이란 시간은 나뿐만 아니라 많은 제자들의 경험을 바탕으로 하여 나온 시간이니 신뢰해도 된다."[28]

---

28) 『엑시트』, 송사무장 지음, 지혜로, 인용

현대 경영학의 아버지라 칭함을 받는 피터 드러커 역시 3년을 주기로 새로운 주제를 공부하고 그에 관한 책을 집필했다. 다양한 책 속에서 공통적으로 읽는 피터 드러커의 이야기에서 특히 이 부분에 주목했다.

무척 감동되었다. 그가 90세가 넘는 나이까지 자신이 원하는 분야를 지속해서 탐구하고 93세에 『프로페셔널의 조건』을 집필할 수 있었던 근본이었을 것이다. 대단하지 않은가?

그는 자신을 이렇게 표현하기도 한다. '나의 전성기는 60세에서 90세까지였다.' 누군가에게는 은퇴하는 시기에 전성기였다는 표현에서 삶을 대하는 태도를 배울 수 있었다. 평생 현역의 길을 걸으면서 수많은 사람에게 강한 동기부여를 한 피터 드러커, 지금의 나를 비롯하여 수많은 사람에게 진한 감동을 준다.

나는 제2의 피터 드러커가 되고 싶다. 그를 점점 알면 알수록 그런 마음이 들었다. 내가 속한 분야에서 3년마다 나만의 내공을 쌓아가는 삶. 작심삼일이 아닌 작심삼년의 삶을 산다는 것은 죽을 때까지 즐거운 일들의 연속이 아닐까 생각한다. 3년간 집중하여 배움의 길을 가는 것. 어찌 보면 긴 호흡이 필요한 대목이다.

독서를 하면서 그것이 가능하게 되었다. 32살에 만난 독서는 3년간 독서법을 깊이 있게 연구하는 힘이 되었다. 36살에 만난 글쓰기는 3년간 글쓰기 및 기록, 책 쓰기를 깊이 있게 연구하는 힘이 되었다. 42살에 만난 경제 분야는 3년간 부동산, 주식, 지식산업 등을 깊이 있게 연구하고 싶은 동기부여를 가져다주었다.

그동안 경제 분야에 대한 생태계를 잘 몰랐다. 아니 관심은 있었지만, 부동산의 경우 많은 종잣돈이 있어야 가능한 영역으로만 알고 있었다. 나중에 돈이 모이면 하리라는 생각과는 달리 외벌이, 쌍둥이 아빠로서 좀처럼 돈이 모이질 않는다. 도대체 그때는 언제 오는지 막연하기만 하루하루였다.

그동안 부동산에 실수를 많이 했다. 결혼자금도 부족하여 마이너스로 시작한 투룸 생활은 결혼 11년 동안 11번의 이사를 강행해야 했다. 때로는 꿈을 찾아, 때로는 내 집 마련을 찾아, 때로는 더 나은 집을 찾아 이동한 횟수이다. 그 사이 부가 쌓여 가는 줄 알았는데 전혀 아니었다. 가진 돈 안에서 이사를 강행해 왔고, 무엇보다 부동산의 생태계를 전혀 모르는 채 집을 사고, 거처로 살다가, 살던 집 전세 놓고 새로운 집을 사는 등 어찌어찌하다 보니 분양받았던 것까지 집이 몇 채나 된 것이다. 지나고 나서 알게 된 사실, 모두 입지가 정말 좋지 않았다.

그래도 괜찮았다. '집은 시간이 흐를수록 오르게 되어 있어.', '집은 내놓으면 무조건 팔리겠지.' 이런 생각이 있었다. 나의 큰 오판이었다. 당시 살던 곳은 공급량 폭탄으로 미분양 아파트가 쌓이고 있었다. 단순한 향후 공급량조차 체크하지 않은 채 집을 너무 쉽게 생각했다. 기존 주택이 매도되지 않으니 당장 큰돈을 구하지 못해 입주 날짜가 다가오자 내 마음은 한없이 무너지고 또 무너지기 시작했다.

그로 인해 찾아온 극심한 우울증, 나는 왜 이렇게 미련할까? 자존감은 자존감대로 떨어졌고, 이 우울감은 학급에서 아이들에게 고스란히 전해졌다. 울고 싶었다. 아니 울었다. 나 자신이 그렇게 초라하게 보인 적이 없었다. 외롭고, 슬프고, 원망스럽고, 미안하고. 모든 좋지 않은 감정이 한꺼번에 몰려드니 나라는 사람의 가치가 무의미하게 느껴졌다.

그렇다. 부동산으로 실패한 것이다. 인정하기 시작하니 헛웃음만 나왔다. 세 살 쌍둥이와 나를 믿고 함께 해준 아내는 무슨 죄랴. 그렇게 처참하게 무너지고 있었다. 그로부터 6년이 흐른 지금, 당시 걱정했던 일들은 전혀 일어나지 않았고, 오히려 우울증 극복을 위해 새벽 기상을 하면서 글쓰는 삶으로 이어졌다. 그리고 저자의 삶, 강사의 삶, 지식 근로자의 삶으로 나아갈 수 있었다. 향후 3년 동안 깊이 공부하고 싶은 분야를 만났다.

십 대 시절의 나와 만나면 해주고 싶은 이야기가 많다. 그중 하나가 바로 경제 마인드다. 이것이 부족했다. 한참 부족했던 분야다. 우리 부모님만 보아도 이쪽에는 잼병이었기에 늘 나에게 해주신 말씀이 "분수에 맞게 살아라."였다.

하지만 부자들은 달랐다. 선한 부자를 말한다. 어떻게 하면 선한 부자가 될 수 있을까? 선한 부자라는 것은 무엇일까? 그 개념조차 몰랐다. 모르고 싶었다. 그때『가슴 뛰는 삶』,『나는 오늘도 경제적 자유를 꿈꾼다』[29]를 읽으면서 감리교 창시자 존 웨슬리의 말을 깊이 묵상하게 되었다.

"벌 수 있는 모든 것을 벌어라. 그래서 절약할 수 있는 모든 것을 절약하라. 모을 수 있는 모든 것을 모아라. 그리고 줄 수 있는 모든 것을 주어라."

벌고, 절약하고, 모으고, 주는 삶! 이 네 가지는 내가 선한 부자가 되어야 하는 이유를 강하게 심어주었다. 그동안 살아온 삶에서 많은 것들을 이룰 수 있었다. 초등학교 교사, 강사, 작가, 유튜버, 블로거, 모임 운영자, 노래 제작, 동기부여가, 코칭 등 내가 하고 싶은 것들을 통해 즐겁게 콘텐츠를 생산할 수 있었다.

다만 마음 한 켠이 꽉 막히는 부분이 있었다. 그것은 경제 분야였다. 그동안 경제적으로는 실수를 많이 해 온 나였기에 숨기고 싶고 감추고 싶었고, 제대로 공부도 하지 않고 실행력만 앞서다 무너졌다. 돈이 있어야 공부도 되고 성장도 된다고 생각하면서 꽉 막힌 틀 안에 내 몸을 숨기고 살았다.

하지만 이쪽 분야도 가능성이 존재했다. 깊이 있게 파면 팔수록 그동안 내가 안 될 수밖에 없는 이유가 보였다. 제대로 공부 없이 '감'으로만 투자했기에 숙연하게 결과를 받아들일 수 있었다.

이 글을 읽는 선생님, 십 대 또는 이십 대, 그밖에 누구든지 반드시 경제 공부를 하길 바란다. 공부한 만큼 보는 만큼 다양한 문들이 존재

---

29) 『가슴 뛰는 삶』 강헌구 지음, 쌤앤파커스
『나는 오늘도 경제적 자유를 꿈꾼다』 청울림 지음, 엘에이치코리아

밀알샘 자기경영 노트

하기 때문이다. 돈이 모였을 때 공부하려고 하지 말고 돈이 없을 때부터 준비해야 나중에 실패하지 않는다.

이 글을 쓰는 지난 일 년 동안 수십 권의 책을 깊이 만났다. 나는 책을 읽을 때 '읽는다'라는 표현보다 '만난다'라는 표현을 쓴다. 저자를 만난다는 기분으로 책을 읽게 된다. 좋은 책을 읽는 것은 과거 몇 세기의 가장 훌륭한 사람들과 이야기를 나누는 것과 같다고 한 근대 철학의 아버지 데카르트의 명언이 가슴 깊이 다가오곤 한다.

검색만 해도 다양한 경제 분야 책들이 나온다. 어떤 책을 읽어야 할지 잘 모르겠다면 온라인 서점 경제 분야 베스트셀러부터 읽기 시작해도 좋다. 책 속에는 수많은 책들이 소개되어 있어서 목록을 찾아 읽고 실천하면 된다.

월급쟁이 부자들 같은 유튜브 플랫폼을 통해 추천 도서를 알 수 있었다. 이중에서 마음에 드는 책 한 권부터 시작하라. 어려운가? 하루에 십 분만 읽어도 좋다. 인생의 로드맵을 설정하고 공부하는 것과 그렇지 않은 것은 세월이 흐르면 흐를수록 틈이 벌어지게 된다. 내가 독서의 세계에 들어오기까지 사십 년이 흘렀지만, 나보다 좀 더 빠르게 노크했으면 좋겠다. 세상은 급변하고 있다. 교과서 너머 세상은 무궁무진하다.

3년간 투자하라! 당신의 향후 3년은 무엇에 집중하고 싶은가? 그것을 품고 살아가는 사람이 되어 보자. 자신이 발견한 분야에 대한 관련 도서를 읽고, 사람을 만나며, 강의를 듣고, 자기 삶에 적용하는 루턴을 잘 갖춰도 3년 뒤의 삶은 확연히 바뀌게 된다. 지금까지 그런 삶을 살아왔고, 앞으로도 그렇게 될 것이다.

많은 성공자가 하나같이 이야기를 한다. 3년만 투자하라. 그들이 걸어간 3년의 흔적을 찾아, 따라가려 한다. 아는 것에 그치는 것이 아닌 함께 걸어가는 자가 되려 한다.

길을 아는 것과 길을 걷는 것은 다르다.

- 영화 〈매트릭스〉 대사 중에서

★ keyword 33 기회

86,400번 기회가 있다니!

매일 한 번의 기회가 주어진다면 여러분은 어떤 삶을 선택하고 싶은가? 자, 여기 빈 상자가 있다. 상자에는 당신이 원하는 삶을 살아가는 방법이 적힌 쪽지가 있다. 누구에게나 적용되는 방법이다. 이대로만 한다면 누구보다 멋진 삶을 살아갈 수 있을 것이다.

기대감을 품고 상자를 연다. 쪽지를 펼쳐 본다. 그런데 로또 번호가 있을 것 같은 기대감을 펼쳤지만 아쉽게도 적혀 있는 것은 단 하나의 문장이었다. 86,400번의 기회, 대체 무슨 뜻일까? 어떤 의미가 있기에 '기회'라니? 과연 우리에게 주는 메시지는 무엇일까?

누구에게나 주어진 것에 대해 예전에 들은 재밌는 이야기가 있다. '세상에서 가장 중요한 금 세 가지가 있는데 황금, 소금… 그리고 지금이다.'를 요즘은 유머로 패러디되었다. 현금, 지금, 입금. 이렇게 바뀌어도 공통어가 있다. 바로 '지금'이다. 그만큼 지금은 변화의 핵심이 된다고 해도 과언이 아닐 정도로 삶에서 중요한 단어다.

하루는 24시간이다. 이것을 분으로 고치면 1,440분, 초 단위로 바꾸면 86,400초. 결국 삶을 변화시키는 공평한 비밀은 하루 86,400초, 즉 86,400번의 기회에서 온 것임을 알 수 있다. 시간을 잘 활용하는 것이 과연 기회가 될까? 도덕 책에서는 그렇게 이야기를 많이 하지만 현실에서는 참 쉽지 않다. 하지만 나에게는 86,400번의 기회를 잘 살렸기에 지금은 좀 더 풍요로운 삶을 살아가고 있다고 고백한다. 책에서 얻은 생각과 실천을 메모한다.

- 『일독』: 지금 당장 100일 동안 33권 프로젝트를 해보자.
- 『나는 도서관에서 기적을 만났다』: 지금 당장 3년간 1,000권 읽기 프로젝트를 하기 위해 독서를 집중으로 해보자.
- 『당신의 책을 가져라』: 지금 당장 나를 위한 책 쓰기를 해보자.
- 『뜨겁게 나를 응원한다』: 지금 당장 100일 동안 나에게 필사 선물을 해 주자.
- 『미라클모닝』: 변화를 원한다면 지금 당장 일어나자.
- 『성과를 지배하는 바인더의 힘』: 3P바인더맨이 되자.
- 『엑시트』: 경제적 안정과 투자를 위한 삶의 패턴을 바꾸자.

• 『멘탈의 연금술』: 언제든 성공할 수 있는 일의 목록을 만들자.

돌이켜보면 '지금'이라는 결심과 즉.각.실.천 덕분에 삶의 많은 부분이 바뀌었다. 리더십의 거장 존 맥스웰(John C. Maxwell)은 저서 『사람은 무엇으로 성장하는가』에서 변화를 일으키는 방법으로 '바로 지금 한다.'라고 했다. 그 역시 처음부터 실천가였던 것은 아니다. 그도 똑같이 터닝포인트 되는 시점이 있었다.

데이턴 대학교의 한 강연장으로 따라가 본다. 연설자 클레멘트 스톤이 '바로 지금 하기'라는 주제로 강연을 한다. 스톤이 말했다.

"아침마다 침대에서 나오기 전에 '바로 지금 하자'라고 50번 말하십시오. 하루를 마무리하고 잠자리에 들기 전에 마지막으로 할 일도 '바로 지금 하자'라고 50번 말하는 겁니다."

이 강연을 듣고 존 맥스웰은 매일 아침 일어나고 밤에 잠들기 전까지 '바로 지금 하자'라고 말했다고 한다. [30] 그 뒤의 삶은 어떻게 되었을지 상상이 가지 않는가? 그는 '지금'이란 단어를 통해 삶이 변화되어 가고 있음을 알 수 있었다. 나의 지금은 어떤 생각과 행동으로 채워져 있는지, 앞으로 어떻게 채워갈 것인지를 들여다보자.

• 게으름을 탈피하고 싶다고? 지금 일어난다.

• 시간이 나면 독서를 하고 싶다고? 지금 독서한다.

• 돈이 생기면 기부하겠다고? 지금 조금이라도 기부한다.

---

30) 『독서법부터 바꿔라』 기성준 지음, 북싱크, 재인용

- 시간이 생기면 공부겠다고? 지금 공부한다.
- 여유가 있을 때 글을 쓰겠다고? 지금 바로 한 줄이라도 쓴다.
- 기회가 생길 때까지 준비하겠다고? 지금 할 수 있는 것을 한다.
- 돈이 생기면 투자하겠다고? 지금 할 수 있는 투자를 한다.

책 쓰기 프로듀서로서 수많은 사람에게 책 쓰기 영감을 주는 강연에서 이은대 작가는 가슴 깊이 새기고 싶은 이야기를 했다.

"감옥에 있을 때 후회되는 순간을 떠올려 봅니다. 한순간도 떠나지 않았던 후회, 아들과 등산하지 못했던 것, 아내와 여행하지 못한 것 등 후회가 많더라고요. 지금 하십시오. 나중이 아닌 지금, 지금, 지금. 과거와 미래는 한순간도 만나지 못합니다. 지금에 충실하세요. 그 방법이 글쓰기랍니다."

늦었다고 생각되는 지금이 바로 최적기다. 바로 지금! 지금 내 앞에 있는 86,400번의 기회를 오늘도 잡아 본다. 지금도 늦지 않았다. 시작하기로 결단한 사람에게는 오늘이 바로 가장 빠른 날이다.

★ keyword 34 감성

당신의 시가 노래가 된다는 것은

나는 아이들이 지은 시를 노래로 만드는 것을 좋아한다. 교직에 첫

발을 들이면서 꿈이 있었다. 아이들이 글쓰고, 그 글로 곡을 짓고, 떼창으로 부르는 것. 그러나 생각보다 쉽지 않았다. 하나의 결과물로 만든다는 것이 마음대로 되지 않았다. 십여 년이란 세월이 흐를 때까지 그 소망을 까마득히 잊고 살았다.

그러다가 만난 한 권의 저자는 자신을 이렇게 소개했다. "낙동강 끝자락 부산 명진초등학교 교사로 살아간다. 교실에서 아이들과 노래하며 삶을 나누는 일을 행복으로 여기며, 교사로 첫걸음을 떼기 시작한 해부터 '노래로 가꾸는 학급운영'을 꾸준히 실천해 오고 있다."[31] 내가 꿈꿔 온 바로 그 삶을 살아가는 선생님처럼 나 역시 실천하고 싶었다.

'아~ 나도 이런 교실을 만들어 봤으면.'

'나라고 못할 것이 뭐 있어? 지금 만들어 보면 되지.'

깨달음

시를 노래로 표현하면 되겠다는 생각에 밀알반 13기(2017년) 친구들이 쓴 시들을 책으로 묶었는데,[32] 그 책에서 느낌이 오는 한 편의 시를 발견했다. 예전에 그 친구의 글쓰기 수첩에 이런 글을 있었다. '깨달음이라는 것은 보물과도 같다. 내가 지금까지 찾지 못한 보물을 찾은 것

---

31) 『노래로 그리는 행복한 교실』 저자 이호재 선생님 프로필에서 발췌하였다
32) 『밀알 한 줄 긋기』 2017년, 부크크

같다.' 내겐 전율이 느껴졌다. 이 문장은 다시 한 편의 시로 재탄생한다. 제목은 '깨달음'이다.

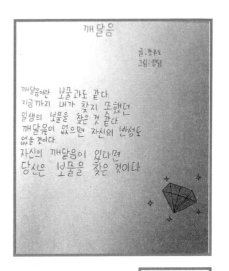

> 깨달음이란 보물과도 같다
>
> 지금까지 내가 찾지 못했던
>
> 일생의 보물을 찾은 것 같다
>
> 깨달음이 없으면 자신의 반성
>
> 도 없을 것이다
>
> 자신의 깨달음이 있다면
>
> 당신은 보물을 찾은 것이다.

기타를 잡고 D키로 시작하는 아르페지오를 하나씩 쳐 보니 멜로디가 형성되었다. 코드의 흐름은 대중적인 패턴을 활용했다. D-A-Bm-F#m-G-A 한 줄 한 줄 준비된 곡을 이어 부르자 완성된 곡이 되었다. 그렇게 나의 첫 노래, 첫 곡 〈아이들의 시, 노래가 되다 - 깨달음〉이 탄생하는 순간이었다.

99.9점의 창작곡

아이들의 왁자지껄 웃음소리가 가득한 등교 날인 3월 2일! 2020년에는 전 세계를 강타한 팬데믹으로 아이들 없이 교실에서 새 학년을 맞이했다. 혼자 우두커니 창밖에 기대어 아이들과 어떤 학급을 이끌어갈까? 하나씩 적곤 했다. 정식으로 개학한 것은 아니었지만, 소통을 위한 학급 방을 만들어서 매일 다양한 미션으로 아이들의 생각을 알아가곤 했다. 과제는 간단하게 스스로 할 수 있는 것들을 제시했다.

- 독서 30분
- 읽은 책 내용 중에서 인상 깊은 문장 쓰기와 느낀 점 적기
- (핵심 미션) 5학년에 어울리는 시 한 편 쓰기
- 운동 루틴 3가지 정하여 매일 실시

아이들에게 그날 주요 과제를 '핵심 미션'이란 이름으로 과제를 부여했다. 어떤 날은 위와 같이 집에서 할 수 있는 시 짓기 과제를 부여했는데 '5학년'이란 주제로 제출한 두 친구의 인상 깊은 시를 만났다. 쌍둥이 두 친구의 시를 합치자 가사가 완성되었다.

5 - 오마이 갓 코로나 19

학 - 학교에 가고 싶다, 정말

년 - 연일 생각한다

　　친구들 만날 생각

　　선생님 만날 생각

나의 5번째 학년 5학년

이제야 한 손

쥐락펴락 할 수 있는 5학년

나의 삶의 본격 시작점인 5학년

어느새 되어 버린 5학년.

그때까지 학교에 나오지 못하고 가정학습을 하던 때라서 이 곡을
표현하여 아이들에게 선물하고 싶었다. 첫 번째 학생 작품을 보고 첫
시작 멜로디가 생각났다. 그것을 토대로 기타를 튕기며 무의식적으로
노래를 이어 불렀다. 두 번째 학생 작품에서는 하나의 라임이 느껴졌
다. 따따따따 5학년… 따따따따 5학년.

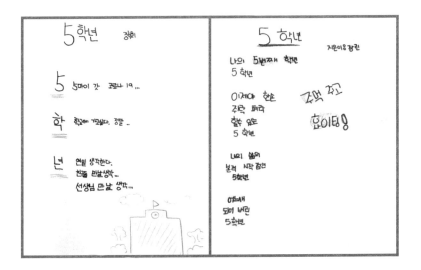

이런 형식의 박자가 느껴지면서 이것은 랩으로 하면 되겠다는 생각에 두 학생의 가사를 합쳐서 탄생된 곡이 바로 〈오 마이 갓 코로나 19〉다. 나름 좋아하는 샤우팅 창법으로 해서 완성된 곡이다. 100점 만점 중 99.9점을 줄 정도로 좋아하는 곡이다.

너는 특별한 존재야

이번에 소개하고 싶은 가사가 일품이다. 시를 보자마자 곡으로 꼭 만들고 싶었다. 그런 느낌이 오는 시가 있다면 나는 하던 일을 멈추고 기타를 들곤 한다. 가사를 한번 보자. 제목, 너는 특별한 존재야!

슬퍼해도 이길 수 있고

기뻐도 이길 수 있어

매일 힘들거나 슬퍼도

희망을 가지면 모든 지 잘할 수 있어

누구한테 물어봐

너는 특별한 존재냐고

너는 특별한 존재야

언제든지 자신을 미워하지 마

자책하지 마

탓하지 마

좋아해 줘.

가사가 은은한 느낌이어서 발라드풍으로 곡을 만들었다. 느리게 연주하면서 흥얼거렸다. 나는 노래를 지을 때 전체적인 흐름은 무의식에 맡기는 편이다. 나름 좋은 곡이 만들어졌다. 이 곡은 이런 마음으로 만들었다. '너희들은 정말 잘할 수 있어. 지금도 잘하고 있지만, 더 잘할 수 있어. 괴테가 말한 것처럼 지금의 현재 모습을 보지 말

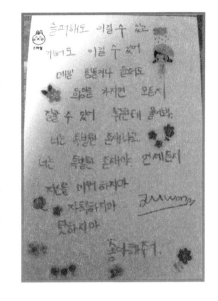

고 잠재력대로 자신을 대접해보렴. 전성기를 맞이할 너의 모습을 상상하며 자신을 대해봐. 너희들은 특별한 존재니까.'

이 외에 다양한 시를 노래로 만들었다. 대략 스무 곡 정도다. 내게는 하나같이 주옥같은 노래들이다. 이호재 선생님의 책이 아니었다면 지금도 가슴 속 소망으로 품고 지냈을지도 모른다. 책은 이렇게 생각을 넘어 실천으로 이끌어준다. 당신도 시 한 편 써 보라. 그리고 흥얼거리기만 해도 이미 한 편의 노래가 된다. 기대한다. 세상에서 하나뿐인 당신만의 시를.

★ **keyword 35 함께**

우리 함께 미라클모닝!

참 예쁘다, 봄 너라는 계절

이번 키워드 '함께'에서는 선생님의 시를 소개하려고 한다. 코로나 19로 인해 대면 모임이 어려워지기 전까지 교사 성장 모임을 통해 다양한 선생님들을 만나서 독서 이야기, 삶 이야기, 글쓰기 이야기, 수업 이야기 등을 나눴는데 코로나가 그것을 딱 멈추게 되었을 때 지금까지와는 다르게 모임을 이어 나가고 싶었다.

생각난 것이 '온라인 교사 성장모임'이었다. 함께 책 이야기를 나누고 싶었다. 그래서 만든 모임이 〈자기경영 노트〉이다. 그곳에서 만난 소중한 인연이 된 선생님이 있다. 독서 영역을 넘어, 글쓰기, 책 쓰기까지 성장력이 대단한 저자이다. 『나는 혁신학교 교사입니다』를 출간하면서 더욱 메신저의 삶을 살아가는 미미쌤 배정화 선생님이다. 그녀의 블로그에 한 편의 시 '봄이 왔다'가 있다.

봄이 온 줄도 모르고 있다가
우연히 나간 동네 앞에서
하얀 봄을 만났다

벚꽃이 핀 줄 모르고 있었는데

밀렸던 숙제가 끝나니

비로소 봄이 내게로 왔다

내가 느끼지 않으면

세상도 내게 다가오지 않는다는 사실을

나만 모르고 있던 봄이

아침에 일어나니 더없이 활짝 피었다

참 예쁘다

봄 너라는 계절.

봄이 온 줄도 모르다가 발견하는 지은이의 바쁜 일상이 느껴졌다.
나 역시 학교에서 바쁜 업무를 맡고 있었기에 더 공감되었다. 읽자마
자 노래로 표현하고 싶어서 기타를 들었다. 캐논 코드 형식을 빌려 무
의식의 흐름으로 하나씩 곡을 만들었다. 가사와 잘 어울리는 멜로디
였고, 결국 완성하여 〈참 예쁘다, 봄 너라는 계절〉이란 곡이 탄생할 수
있었다.

미라클모닝은 내 삶의 희망

협동 시를 좋아한다. 각기 다른 생각을 지닌 사람들이 하나의 주
제로 생각을 모아 가면 한 편의 시가 된다. 우연적인 효과지만 생각의

조화가 이뤄진 필연적인 글이 탄생하는 순간이다. 함께 성장하고 나누는 교사 성장모임에서도 협동 시를 만든 적이 있었다.

성장하는데 많은 분이 새벽 기상을 손에 꼽는다. 일명 미라클모닝이다. 그것을 주제로 노래를 만들어 보자는 의견이 있었고, '미라클모닝'에 대한 각자의 생각 한 줄씩 뽑아내어 그것을 연결하였다. 하나의 협동 시 〈미라클모닝은 내 삶의 희망〉 한 편이 완성되었다.

당신의 하루는 어떻게 시작되나요

알람 끄기를 수십 번

아침을 경영한다는 것은 인생을 경영한다는 것

조금씩 조금씩 일만 시간의 법칙을 만들어가요

핑크빛 하늘 당신의 마음은 지금 어떤 색인지

까만 밤하늘이 파랗게 변하는 기적을 보면 내 하루도 기적이 되지요

아침에 깨어 있음은 내가 살아있음을 느낀다는 것

나를 찾아가는 글쓰기 가벼워지는 하루

하루에 두 번 맞는 6시

미라클모닝은 내 삶의 희망.

이 시를 가사로 노래로 표현하는 작업이 시작된다. 어떻게 하면 더 좋은 곡이 나올까? 한 사람 한 사람이 가사에 맞는 영상을 만들어서 하나로 엮으면 좋겠다는 생각이었고, 다음과 같이 진행했다.

1. 기본 노래 코드를 만든다.

2. 주요 음을 녹음하여 팀원들에게 공유한다.

3. 원하는 가사를 선택하여 각자에 어울리는 영상을 만든다.

4. 노래 파트, 악기 파트, 영상 파트를 세분화하여 하나로 엮는다.

나를 포함하여 꿈긍정맘, 오언니, 도희쌤, 자작나무, Case쌤, 소망, 별빛한줌, 샤은쌤, 오감나비, 미미쌤, 늘해랑쌤, 보건마마 등 13명의 선생님들이 함께하였다. 우리는 〈미라클모닝은 내 삶의 희망〉이란 곡을 완성할 수 있었다.

한 선생님께서 말씀해 주셨다. "시가 노래가 되는 과정을 경험한 것이 처음이라 많이 설레었습니다. 완성된 노래를 계속 듣게 됩니다. 정이 가는 노래입니다." 지치고 힘들 때마다 자신에게 의미를 가져다준 노래를 떠올린다면 다시 일어서는 힘이 생기지 않을까? 그런 의미에서 시간이 다소 걸리더라도 시를 쓰고 곡을 만들어 노래를 부르게 된 우리 모두에게 박수를 보낸다.

커피송

경상남도교육연수원이 주관하는 연수에 강사로 참여한 적이 있다. '꼬마 작가 만들기_시 짓기 프로젝트'였는데, 많은 선생님이 쉬고 싶은 토요일에 모이는 연수라서 더 드리고 싶은 마음이 컸다. 4~5명이 한 팀이 되어 협동 시를 만드는 과정이 있었다. 기억에 남는 한 팀은 서로 웃으면서 분위기를 이끌어 가고 있었고, 어떤 주제인가 싶어서 다가갔다. 주제가 커피였다. 얼마나 멋진 시가 나올지 기대하며 발표 내용을 지켜봤다. 제목 〈COFFEE SONG〉, 특히 재밌는 시였다.

3월 2일 새 학기 첫 시간, 피곤했던
오늘 하루
커피를 교실 전화에 쏟았어
(전화보다 커피 아까워 ㅠ.ㅠ)
커피 한 잔으로 리프레쉬
향으로 마시는 커피, 생명수 커피
여름엔 얼음 동동 커피가 최고지!
잠 못 자도 땡겨, 마시고 싶어
아침부터 믹스로 충전해야 전투 준
비할 수 있어요
(달달구리 달달구리).

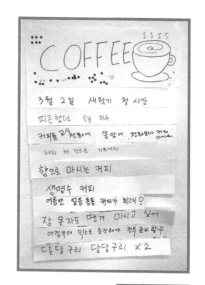

선생님들의 커피 사랑을 마음껏 느낄 수 있었다.
흥겨운 멜로디와 코드로 만들면서 이 협동 시에 함께한 선생님들과 커피를 마시며 오순도순 즐거운 이야기꽃을 피우던 장면이 생각났다. 커피 마실 때면 이 곡을 듣곤 한다.

독서송

버킷리스트 중 하나가 아이스크림 연수원에서 주관하는 〈쌤튜브〉에 출연하는 것이었는데 2021년 그 소원을 이루어졌다. 2학기를 맞이한 선생님들께 도움을 드리고자 쌤튜브에서 '괜찮아! 2학기야'라는 주제로 5일 동안 진행된 연수였다. 네 번째 날 '문해력을 키우는 독서와 글쓰기' 파트를 맡았고, 연수 준비를 하다가 한 곡을 만나게 된다.

우리 반 아이들 덕분에 알게 된 〈된장찌개의 노래〉라는 곡은 흥겨워서 좋았다. 이를 제작한 유튜버 '과나'는 이 세계에서 유명한 분이었다. 과나는 역발상의 글을 남겼다. "안녕하세요 구독자 여러분, 댓글에 여러분이 알고 있는 쓸데없는 정보를 가르쳐주세요. 다른 사람이 들었을 때 아무짝에도 쓸모없을수록 좋습니다." 이 글을 본 수많은 구독자가 댓글을 남겼다.

그렇게 댓글만으로 이루어진 곡 〈그거 아세요?〉가 탄생되었다. 이 노래는 다른 가수들에 의해 자주 불린 곡이었을 정도로, 임팩트가 있었다. 여기에 힌트를 얻은 나는 연수를 주최하는 쌤튜브에 '즉흥 댓글 노래를 만들자'고 제안했다. 쌤튜브 연수는 유튜브 라이브 형식이었기에 바로 댓글을 달 수 있었다.

연수 당일 실시간으로 참여한 선생님들에게 질문을 했다. "독서는 ☐☐☐다. 왜냐하면 ☐☐☐이기 때문이다. 한번 생각나는 문장을 마음껏 남겨 주세요. 12명을 선정하여 즉흥 독서송을 만들겠습니다."

수많은 댓글이 달렸고, 이를 연수 마지막에 즉흥적으로 부르면서 마무리를 했다. 라이브가 아쉬운 면이 있어서 집에 와서 다시 작업해서 노래 영상으로 만들었다. 12명의 선생님의 댓글 덕분에 가사가 풍성해졌다.

독서는 마음의 양식이다. 내 마음의 부족함을 채워주기 때문이다.

독서는 생활이다. 매일매일 일상이기 때문이다.

독서는 거울이다. 나를 비춰주기 때문이다.

독서는 인내다. 그 열매는 달기 때문이다.

독서는 나를 찾는 과정이다. 책은 생각을 키우고 자아가 튼튼해지기 때문이다.

독서는 나를 찾는 도구다. 읽고 생각하고 기록하면서 진정한 나를 찾아가기 때문이다.

독서는 새로운 길이다. 내가 몰랐던 새로운 나로 나아가는 통로이기 때문이다.

독서는 자전거다. 시작은 힘들어도 끝은 보람차기 때문이다.

독서는 빛이다. 절망 속에서 한 줄기 빛이 되어주기 때문이다.

독서는 친구다. 나이 불문 국적 불문 삶과 죽음을 넘나드는 친구 맺기가 가능하니까.

독서는 아이스크림이다. 읽을수록 또 찾고 맛있게 빠져들기 때문이다.

독서는 사랑이다. 나를 알고 나와 다른 사람을 사랑하게 하기 때문이다.

선생님들의 독서를 향한 마음이 강하게 전해지는 시간이었다. 이를 토대로 노래로 만들자, 멜로디가 책과 어우러져 삶 속에 녹아드는 것만 같았다. 오늘도 기타를 튕기며 시를 노래로 만드는 즐거움과 함께하고 있다.

★ keyword 36 영향력
누군가 한 사람이 마을을 이룰 수 있다

아침마다 일기 예보를 본다. 비가 오는 날인지 확인하려는 것이다. 그렇게 확인했음에도 불구하고 때로는 우산을 못 챙길 때가 있다. 퇴근하려고 할 때 예기치 않은 비가 오면 비가 그칠 때까지 기다릴까? 아니면, 집까지 뛰어갈까? 고민한다. 그러나 이제는 이런 생각을 하지 않는다.

교문을 나서기 전 일층 현관문 가까이에 '비오는 날 우산을 빌려드립니다'라고 쓰인 우산 통이 놓여 있다. 예상하지 못한 비가 올 경우 여기서 우산 하나를 들고 집으로 간다. 다음날 아침, 잘 말린 우산을 가져와서 통에 다시 넣는다. 이 우산들은 나에게 있어서 도움을 주는 것들이다.

어느 날 학교로 오는 길에 우산 통을 보았다. 여전히 우산이 많이 꽂혀 있다. '누군가에게 도움이 필요할 때 나도 저런 우산들처럼 도움이 되고 싶다.' 이 생각이 가슴 깊이 느껴졌다. 누군가 한 사람에게라도 영향을 줄 수 있는 삶! 이렇게 글을 쓰는 것도 그런 삶을 지향하기 때문이다.

독서와 글쓰기로 하루를 시작하는 미라클모닝러가 있다. 〈자기경영 노트〉 모임을 통해 만나면서 인연이 된 분이다. 블로그를 통해 쓴 글들을 읽으면서 적잖은 감동을 하였다. 독서 삶, 글 삶을 살고 계신 분, 앞서 소개한 『엄마를 위한 미라클모닝』의 저자 최정윤 선생님이다.

책을 집필하는 방법을 알기 위해 멀리서 나를 찾아왔다. 긴 시간 동안 삶의 이야기를 나누고 독서, 글쓰기, 책 쓰기에 대한 스토리를 나눴다. 비가 올 때 우산이 될 수 있어 감사한 하루였다. 내가 경험한 독서와 글쓰기, 책 쓰기의 삶이 그분께 도움이 될 수 있는 시간이었다.

정약용 선생님은 이 말씀을 남겼다. "만약 내 책을 정말 알아주는 사람이 있다면, 너희들은 그 사람이 나이 많으면 그를 아버지처럼 섬기고 동년배라면 그와 결의형제라도 맺는 것이 좋으리라."[33]

우리는 함께 글 삶을 살아가는 글벗이다. 강의를 나갈 때마다 이런 마음으로 나간다. 누군가 한 사람에게라도 영향을 줄 수 있다면 놀랍게도 그런 분들을 꼭 만나게 된다.

"제가 그 한 사람이네요. 꼭 저를 위한 강의인 줄 알았습니다."

"3시간이 어떻게 흘렀는지 모르겠습니다. 이 시간이 저의 터닝포

---

33) 『유배지에서 보낸 편지』 정약용 지음, 박석무 옮김, 창비, 인용

인트가 되었습니다."

더욱 놀라운 사실은 이런 삶을 누구나 살아갈 수 있다는 점이다. 나 역시 예전에는 특별히 선택된 자만이 누군가에게 메시지를 전하는 것이 가능하다고 여겼는데 지금은 전혀 다르게 생각한다. 각자가, 각자의 방법대로, 각자의 영역에서, 각자의 콘텐츠를 나누는 것, 그로 인해 누군가 영향을 받는 한 사람이 분명히 존재한다는 사실이다.

어떤 이는 블로그를 통해, 어떤 이는 인스타그램을 통해, 어떤 이는 브런치를 통해, 어떤 이는 유튜브를 통해, 어떤 이는 페이스북을 통해, 어떤 이는 책 쓰기를 통해, 어떤 이는 그 자체의 모습을 통해 얼마든지 자신이 가진 콘텐츠를 무제한 나눌 수 있는 세상에 살고 있다. 다만 남을 깎아내리고 비판하는 것이 아닌 높여주고 가치 있는 것들을 나눈다면 여러분이 앞으로 만날 '누군가 한 사람'은 수없이 존재할 것이다.

인스타그램을 보는데 독특한 콘텐츠를 올리는 분을 봤다. 매일 종이비행기를 접는 분. 그 뒤에 함께 찍히는 운치 있는 배경 사진과 종이비행기에 적혀 있는 감성 글귀가 어우러지면서 세상에서 하나뿐인 멋진 작품이 된다. 삼박자가 어우러진 그의 콘텐츠는 결국 출판으로 이어져 많은 분에게 영향을 주고 있다.

내가 책 쓰기에 과감히 도전할 수 있었던 것도 이 같은 마음이었다. 누군가 한 사람에게라도 영향을 줄 수 있다면 책을 쓰면서 오히려 얻는 선물이 있다. 바로 나에게 영향을 가장 많이 준다는 사실이다.

내가 나에게 좋은 영향을 주니 그 에너지는 다른 이들에게 전해진다. 특히 나와 함께하고 있는 가족, 그리고 학급 학생들, 교사들에게까지 이어진다.

그 누군가 한 사람이 모여 가족을 이루고, 마을을 이루고, 국가를 이루고, 세계를 이룬다. 어쩌면 공자가 말한 '수신제가 치국평천하'가 그 누군가 한 사람을 위하는 마음이 아니었을까?

★ keyword 37 인생

최고의 메신저, 교사로 사는 법

2021년에는 음악 수업을 위해 초등 음악 수업 연구회에 가입했고, 그곳에서 음악 교육을 위해 열심히 연구하는 선생님들을 만났다. 한 분 한 분께 배울 수 있는 소중한 콘텐츠가 많았는데, 그분들은 자신의 노하우를 거저 나누셨다. 나도 내가 가진 음악에 대한 열정을 나눌 기회가 있었다.

내가 맡은 부분은 〈협동 시로 노래 만들기〉 분야였다. 기존에 만든 여러 곡들을 들으며 포스트잇으로 만드는 방법, 댓글로 만드는 방법, 주제별 한 문장씩 나열하여 만드는 방법 등 즉흥곡 만들기에 대해 나만의 방법을 전할 수 있었다.

"선생님, 우리 어떤 주제로 시를 지어 볼까요?"

"선생님으로 산다는 것, 어떠세요?"

"오, 좋은데요. 느낌 있어요. 각자 생각나는 대로 한 문장씩 남겨주세요. 그것을 모아서 즉흥 협동 시를 만들고, 협동 시에 멜로디를 만들어보면 좋겠습니다."

그렇게 해서 세상에서 하나뿐인 〈선생님으로 산다는 것〉, 시와 곡이 만들어졌다.

평생 사랑을 나누며 일할 수 있다는 것

내가 좋은 사람이 되는 게 내 전문성을 키우는 것

아이들의 성장을 응원하며 살아간다는 것

매일 매시간 매분 매초 학생들과 눈과 귀, 마음을 주고받는 것

아파도 부담돼도 힘낼 수 있는 것

어른이 되어도 아이의 순수함을 가질 수 있다는 것

때로는 짝사랑인가 싶은 마음이 드는 것.

글에는 내가 왜 선생님으로 살아가야 하는지, 그 사명감을 느낄 수 있었다. 문득 이런 생각이 들었다. 십 대로 산다는 것은 어떤 것일까? 학창 시절 그때의 마음에 들어가 본다. 십 대로 산다는 것!

희망을 품고 배울 수 있다는 것

사랑을 주고 사랑을 받을 수 있다는 것

두려움 속에서도 앞으로 나아가야 할 용기를 가질 수 있는 것

보이지 않던 장래를 밝게 비추는 등대로 나만의 진북을 발견할 수 있다는 것

부모님과 선생님 등 따뜻한 어른들의 온기를 마음껏 받을 수 있다는 것

젊음을 토대로 무한한 가능성을 품을 수 있다는 것

친구들과 함께할 수 있는 소중한 추억을 품을 수 있다는 것

실수해도 다시 실수할 수 있는 용기가 있다는 것

자신만의 기품을 가꾸고 나아갈 수 있는 시간이 있다는 것

삶에 대한 안목을 기르고 멘토를 통해 삶의 지혜를 무한히 흡수할 수 있다는 것

십 대만이 가진 개성을 마음껏 뽐낼 수 있다는 것

나는 그런 십 대가 좋더라.

나의 십 대는 긍정보다는 부정적인 것들의 키워드와 가까웠고, 불안했다. 크게 모나진 않았는데 생각이 가난했다. 가난한 생각을 하니 가난한 행동을 하고, 가난한 행동을 하니 가난한 습관을 갖고, 가난한 습관을 지니니 가난한 삶이 펼쳐지는 것이다. 가난을 탈출하기 위해서는 생각부터 부자다운 생각을 해야만 했는데 그렇지 못했다.

삼십 대에 독서를 하기 시작하면서 점차 생각이 부자가 되었다. 불안했던 십 대와는 전혀 다른 삶을 사는 요즘이다. 학생들을 가르치다 보면 재능을 가진 친구들을 많이 만나게 된다. 그림을 잘 그리는 친

구, 남들과 다르게 창의적으로 표현하는 친구, 글을 잘 쓰는 친구, 만들기에 특출한 친구, 세상에서 없는 것을 자신의 표현법으로 확장하는 친구, 손 그림, 핸드폰, 패드 등으로 자기 생각을 그림으로 표현하는 친구, 정리를 잘하는 친구, 셈을 잘하는 친구, 악기를 잘 다루는 친구, 유튜브를 통해 자신의 콘텐츠를 생산하는 친구 등 다양한 친구들의 모습이 파노라마처럼 스쳐 지나간다.

교과서를 보고 문제 풀이를 하는 것만이 공부가 아닌데도 아직 그 틀에서 벗어나지 못한 친구들을 볼 때면 과거의 나를 보는 것 같아서 안에 있는 것을 끌어주고 싶다. 나는 그저 넣기에 바빴던 십 대 그 시절이었다. 교육은 넣는 것도 중요하지만 그에 못지않게 빼내는 것, 아웃풋이 중요하다. 그럼 아웃풋은 어떻게 접근할 수 있을까?

자신만의 콘텐츠를 생산하는 것, 그림, 글, 시, 노래, 악기, 애니메이션, 춤 등 자신과 어울리는 것과 연결하는 것이 중요하다. 가능하면 그것을 블로그나 인스타, 유튜브 등을 통해 자신의 콘텐츠를 하나씩 쌓아 보는 것이 좋다.

결국 온라인 상에서 나만의 포트폴리오를 만드는 것이다. 과거에는 파일 안에 하나씩 모았던 나만의 기록들이 이제는 핸드폰 하나면 가능한 시대다. 인식을 바꿔 즐겁게 공부할 수 있는 시대가 온 것이다. 곰곰이 앉아서 펜을 들고 좋아하고 잘할 수 있는 것들을 적어 보자.

무엇보다 내가 가진 것이 다른 이에게 영향을 주고 좋은 가치를 남길 수 있다면 금상첨화다. 그것을 발견하는 사람은 색다른 일상을 맞이할 것이다. 우리는 그런 이를 가리켜 '메신저'라고 부른다. 내가 가진 생각과 행동이 누군가에게 힘과 용기를 줄 수 있는 메신저.

여러분의 가치를 발휘하라. 그것이 곧 미래를 열어가는 키(Key)가 될 것이다. 퍼스널 브랜딩! 온라인 포트폴리오는 그것을 쉽게 내것으로 만드는 강력한 도구가 된다. 선생님은 이런 십 대를 품을 수 있는 최고의 메신저가 될 수 있다. 당신은 이미 누군가에게 있어서 가장 큰 영향을 주는 메신저라는 것을 잊지 않기를. 당신의 메시지는 그 무엇과도 바꿀 수 없는 가치가 있다.

고맙고 또 고맙다

"새해 복 많이 받으세요. 중학교 생활이 무섭네요. 초등학교에 계속 있으면 좋겠는데. 졸업하고 선생님 보러 자주 갈게요. 저에게 많은 도움, 응원을 주셔서 감사합니다. 매일매일 칭찬 감사합니다. 선생님 덕분에 용기를 얻을 수 있었어요. 저도 많은 이들에게 도움을 주고 싶네요. 감사합니다. 사랑합니다."

교사가 되니 이렇게 아이들과 새해맞이 인사를 주고받는 경우가 많다. 글을 읽다 보면 나에게 보내는 것인지 누구에게나 똑같이 보내는 것인지 느낌이 올 때가 있는데, 이렇게 개인을 지칭하여 보내는 메시지는 한 번 더 읽게 된다.

생각이 많이 나는 친구가 있다. 겉으로 보기에는 밝게 지내고 있었기에 아픔이 있는 줄 몰랐던 친구에게 어느 날 전화가 왔다. 그날따라 전화벨 소리가 그 어느 때보다 크게 들렸다.

"선생님, 집에 들어가기 싫어요. 죽고 싶어요."

집에 들어가기 싫다는 것을 들어도 문제인데 죽고 싶다는 말까지 하니 다른 일을 만사 제쳐두고라도 그 친구를 만나야 할 명분이 생겼다. 다행히 학교에 있었던 나는 바로 그애에게 달려왔다. 교실에서 충분히 이야기를 나누면서 친구의 이야기를 들어주었다. 그렇다. 단지 들어주기만 하는 시간이었는데, 그 애의 표정이 조금씩 달라지고 있었다. 가정에서 받은 상처가 컸음을 인지했고, 내가 할 수 있는 것은 그 애 마음을 그대로 받아주고 공감하는 일이었다. 그 어떤 조언도 불필요했다. 그것만으로도 그 애 마음이 한결 부드러워지고 있었다. 진심으로 마음의 문이 열린 것이다.

"마음이 몹시 아팠겠구나. 고생 많았어. 이 또한 극복할 수 있다고 믿어. 하늘에서는 사람을 선택하여 주어진 문제를 잘 극복하면서 성장하게 한다고 하잖아. 여기서 우리에게 어떤 메시지가 있는지, 어떻게 해야 할지 고민해 보자."

다음날, 어머님과의 상담을 요청하여 교실에서 많은 이야기를 나누었다. 상처가 많은 가정이었다. 나는 그 애에게 그랬듯이 어머니 말씀 역시 진심으로 경청했다. 연신 눈물을 흘리셨고, 나도 눈물이 고였다. 상담 전과 후가 바뀐 어머니는 자아를 보았고, 아이의 자아를 보려고 했다. 힘든 가족들이 가족이라는 명목으로 당연한 듯 풀어내다 보면 서로 상처를 주고받는다. 그 실타래를 푸는 것은 '너'가 아닌 '나'를 보면서 나아진다. 내 조언은 그것이었다.

그날 이후 아이는 한결 좋아졌고, 다음 학년이 되어서도 밝은 표정으로 학교 생활하는 모습을 볼 수 있었다. 마음이 놓였다. 그렇게 많이 아파하고 넘어졌던 친구가 새해 인사를 한다.

"저도 어려움을 겪는 사람들에게 도움을 주고 싶어요, 선생님."

그 어떤 말보다 그 어떤 선물보다 가슴 깊이 다가왔다. 나는 이런 말을 해주고 싶다.

"살다 보면 누구에게나 장애물이 있지. 장애물은 극복하는 것이지 피하는 것이 아니거든. 현명한 생각과 행동으로 어려움을 이겨내는 네 모습을 보면서 기뻤어. 너만이 가진 원대한 그릇을 보았어. 앞으로 너만의 달란트로 사람들에게 힘과 용기를 줄 거라고 기대해. 또 힘든 일을 만났을 때 기억해 보렴. 너는 네 생각보다 훨씬 멋진 친구라는 사실을. 그리고 이 또한 이겨내리라는 믿어. 언제나 응원한다."

자기경영의 열매는
책 쓰기

'나의 이야기는 가치가 있다.'

'누군가는 당신의 이야기를 기다리고 있다.'

이 두 문장이 책 쓰기의 세계로 인도했습니다. 모르면 배워야죠. 그래서 책 쓰기 강사를 찾아갔습니다. 비용에 머뭇거리기도 했지만, 저를 위해 투자하고 싶었습니다. 투자했으니 어떤 결과물이라도 만들고 싶었습니다. 더 열심히 읽고 쓰기를 반복했습니다. '저자'라는 목표가 생기니 독서가 달라졌습니다. 한 주제가 들어가는 문장의 시작이 어떻게 되고, 인용이나 각색은 어떻게 하는지, 문장의 길이는 어떠한지, 독자의 호흡은 어떻게 어디서 반영하면 좋을지, 글의 전체 구조는 어떠한지 등 그냥 책을 읽을 때와 저자가 되고 싶은 마음으로 읽을 때의 모습은 전혀 달랐습니다. 그때가 비로소 취미 독서를 넘어 생존 독서로 넘어가는 시기였습니다.

　　2016년 여름방학 때 학교에 매일 출근했습니다. 방학을 활용하여 초고를 완성하겠다는 목표를 가졌기 때문입니다. 오전 아홉 시부터 오후 네 시까지 줄곧 글을 썼습니다. 처음에는 한 꼭지(A4용지 두 쪽 반)를 쓰는데 온몸에 힘을 주다 보니 쓰고 나면 농구 4쿼터를 뛴 듯 탈진이 되기도 했습니다. 그만큼 글쓰는 데 온 신경을 썼습니다.

　　조금씩 글의 속도가 붙고 힘을 빼니 술술 써지기도 했습니다. 어느 날은 오전에 두 꼭지, 오후에 두 꼭지를 쓰기도 하면서 글쓰는 데 재미를 느끼기 시작했습니다. 쓰면서 배우고, 배우면서 쓰게 되었습니다. '글을 쓰니 살맛난다.' 이 한 문장으로 설명이 될까요? 그만큼 늦깎이 글쟁이가 탄생된 순간이었습니다.

　　저자가 되고 나니 삶을 바라보는 시각이 바뀌었습니다. 일상의 소중함을 깨닫고 일상을 바라보는 마음의 눈이 열리기 시작한 것입니다. 매일 보았던 하늘이 어제와 오늘, 내일이 달라 보였고, 거울에 비친 내 모습조차 점차 사랑스러워졌습니다. 나의 삶을 존중하고 아끼니 타인의 삶 또한 포근하게 안아줄 힘이 생겼습니다.

　　'이 느낌을 함께 나누고 싶다.' 독서의 맛, 기록의 맛, 글쓰기의 맛, 책 쓰기의 맛을 나눌 수 있는 동지가 생겼으면 좋겠다는 마음으로 교사 성장 모임을 운영하였고, 지금의 〈자기경영 노트〉라는 이름으로 활동하게 되었습니다.

무에서 유를 창조하기를 좋아합니다. 아무런 기대 없이 왔다가 성장력을 품고 꿈을 이뤄 가는 선생님의 모습이 좋았습니다. 서서히 책을 읽는 선생님, 기록하는 선생님, 글을 쓰는 선생님, 책을 쓰는 선생님이 늘어났습니다.

〈100일 동안 33권 읽기 프로젝트〉의 일환으로 교사들과 함께 독서 모임을 했습니다. 많은 분이 열심히 하셨습니다. 독서를 넘어 책 쓰기까지 관심이 있어 하는 선생님도 조금씩 늘어갔습니다. 어느 날 한 선생님께서 이런 질문을 하셨습니다.

"책은 어떻게 쓰면 되나요?"

경험한 것을 나누는 기쁨이 여기서 옵니다. 제가 드릴 수 있는 정보를 마음껏 풉니다. 출판 과정을 설명해 드리고, 초고 쓰는 법을 알려드립니다.

"이런 고급 정보를 주시니 너무 감사해요."

저는 이런 말을 이어 갑니다.

"선생님, 제 꿈이 있습니다. 선생님들 모두 저자가 되는 꿈이에요. 그러면 제가 만난 독서와 글쓰기의 맛을 만나실 수 있거든요. 그 에너지는 결국 자신을 넘어 교실 속 아이들에게 흘러가 진정으로 학생과 교사가 행복한 교육이 펼쳐질 것입니다. 선생님은 하실 수 있습니다."

누구나 자신이 가진 고유의 가치가 있고, 그것을 글로 꺼내기만 하면 됩니다. 몇 가지 글쓰는 데 주의할 점을 알려드렸더니 책을 쓰겠다는 다짐을 하십니다. 여기까지는 누구나 말할 수 있지만, 실천을 하는 이는 드뭅니다.

그로부터 사 개월 후 문자가 왔습니다.

"밀알샘, 초고 완성했어요."

결국 한 끗 차이는 바로 실천하는 데 있습니다. 초고를 완성한 선생님은 그 뒤 퇴고 방법, 출간기획서 작성, 출판사 투고 방법 등을 배워 계약을 맺고 책이 나오는 경험을 합니다. 그렇게 출간된 책이 배정화 선생님의 『나는 혁신학교 교사입니다』입니다.

사 개월만에 초고를 썼다고? 쉽게 생각하겠지만 이 글을 쓰는데 지금까지의 삶이 오롯이 글 속에 담긴 것이니 사십 년 넘게 걸린 셈입니다. 배정화 선생님은 그 뒤 자신의 길을 기꺼이 오픈하여 뒤따라오는 선생님들을 저자로 만들고 선한 영향력을 발휘하는 체인지 메이커의 역할을 하고 있습니다.

자기경영의 끝은 책 쓰기라는 말의 반만 수긍합니다. 책 쓰기는 또 다른 시작을 주기 때문입니다. 이 말을 '자기경영의 끝은 책 쓰기다. 그리고 또 다른 인생의 시작이다.'라고 바꾸고 싶습니다. 여러분의 삶은 가치가 있습니다. 자신의 가치를 한 페이지씩 채워 가세요. 채워지는 페이지 수만큼 당신의 삶은 아름답게 펼쳐질 것입니다. 우리 모두의 삶은 그렇게 소중히 빛날 것입니다.

이 책이 탄생하기까지 많은 분의 격려와 사랑이 있었습니다. 평범한 삶을 비범한 삶으로 바꿀 수 있도록 독서가와 글쟁이로 이끌어주신 하나님께 감사드리고, 원고에 대한 아이디어와 방향을 잘 잡아주시고, 책이 출간될 수 있도록 온 힘을 다해 애써주신 비비투(VIVI2) 출판사 이진호 이사님 감사합니다. 매일 저녁, 일상에서 성장한 이야기를 함께 나눌 수 있는 소중한 아내 정선애와 자녀 하온이 시온이, 교사 성장 연대를 꿈꾸는 〈자기경영 노트〉 선생님들, 모임 운영진으로 섬김의 리더십을 몸소 실천해 주신 배정화 선생님, 최정윤 선생님께 감사 인사를 드립니다.

저는 참으로 행복한 사람입니다. 주변에 힘을 주는 많은 분이 있고, 언제든지 꺼내 읽을 수 있는 책이 있고, 이렇게 모든 일상이 글이 되는 세상에 살고 있으니까요. 책, 글, 사람. 이 모든 것에 감사합니다. 삶이 글이 되고, 글이 삶이 되는 것, 이 기쁨을 함께 나눠 봅니다.

> 내겐 공부의 출발역은 관심 분야가 생기는 것이고, 종착역은 이를 책으로 쓰는 것이다.
>
> - 한근태 『고수의 학습법』 중에서